# BRASIL:
# REFORMA AGRÁRIA COMO SOLUÇÃO

**Dados Internacionais de Catalogação na Publicação (CIP)**
**(Câmara Brasileira do Livro, SP, Brasil)**

Stédile, Miguel Enrique
Brasil : Reforma Agrária como solução / Miguel Enrique Stédile. – Petrópolis, RJ : Vozes, 2025. – (Coleção Realidade)

Bibliografia.
ISBN 978-85-326-7124-0

1. Posse da terra – Brasil 2. Reforma Agrária – Brasil 3. Trabalhadores rurais – Brasil – Atividades políticas I. Título. II. Série.

25-265001 CDD-333.3181

Índices para catálogo sistemático:
1. Brasil : Reforma Agrária 333.3181

Cibele Maria Dias – Bibliotecária – CRB-8/9427

COLEÇÃO
**REALIDADE**

Miguel Enrique Stédile

# BRASIL: REFORMA AGRÁRIA COMO SOLUÇÃO

EDITORA VOZES

Petrópolis

© 2025, Editora Vozes Ltda.
Rua Frei Luís, 100
25689-900 Petrópolis, RJ
www.vozes.com.br
Brasil





*Concepção da coleção, pré-edição de texto e imagem*: Wanderley Loconte
*Editoração*: Sandy Marques
*Diagramação*: Editora Vozes
*Revisão gráfica*: Fernando Sergio Olivetti da Rocha
*Capa*: Érico Lebedenco
*Imagem de capa*: Tiago Gianechinni

ISBN 978-85-326-7124-0

Este livro foi composto e impresso pela Editora Vozes Ltda.

Dedicado à memória dos
imprescindíveis Egídio
Brunetto, Horácio Martins
de Carvalho, Kima Reis e
Ulisses Manaças.

# Sumário

# Apresentação da coleção

A coleção "Realidade" aborda grandes problemas contemporâneos.

Os livros que formam essa série foram pensados como extensas reportagens de jornais ou revistas; por isso os textos são divididos em tópicos, que constituem um fio condutor da análise das mudanças e permanências do problema-tema ao longo do tempo.

Os conteúdos foram escritos em linguagem jornalística, caracterizando-se pela objetividade sem abrir mão do rigor acadêmico nas informações e análises.

Alguns termos como Reforma Agrária, Agronegócio ou Abolição da Escravatura, entre outros, diferentemente do costumeiro, foram grafados com iniciais maiúsculas com o propósito de alertar para o fato de serem instituições complexas ou processos históricos resultantes de lutas e negociações intensas.

Nas ocorrências de SAIBA+, o leitor encontrará sugestões de filmes, romances, sites e outros recursos de fácil acesso para aprofundamento sobre os assuntos tratados nos tópicos. As obras que fundamentaram a elaboração do texto estão elencadas no final.

Todos os autores da coleção "Realidade" são especialistas no tema apresentado e se empenharam em trazer para o grande público as mais recentes pesquisas e conclusões sobre o assunto abordado pelo livro, sempre referenciando instituições de pesquisa nacionais e estrangeiras reconhecidas pela sua credibilidade.

Com essa proposta esperamos contribuir para que os brasileiros compreendam melhor a realidade do país e do mundo em que vivemos e percebam que existem soluções viáveis para os problemas que impedem a construção de uma convivência mais justa e fraterna. Boa leitura.

*Wanderley Loconte*
Coordenador da coleção

# Prefácio

Foram muitos os intelectuais que já escreveram que é impossível entender a realidade brasileira sem considerar a questão da luta pela terra. Caio Prado Júnior, Darcy Ribeiro e João Pedro Stédile são alguns (bons) exemplos.

As origens desse conflito são remotas, mas as suas causas e consequências seguem presentes em nossa sociedade.

Pela minha origem, sou um daqueles que foi educado sobre essa questão por meio das informações recebidas da "grande mídia". Apesar de, provavelmente, ter estudado sobre a temática em minhas aulas de Geografia ou História ainda na adolescência, o que ficou registrado foram as imagens dos jornais televisivos e impressos de grande audiência, que apresentavam quase sempre os camponeses "sem terra" como vilões e os fazendeiros "produtores" como vítimas desses confrontos.

A vida, porém, me presenteou com surpresas e desvios de rota que acabaram me conduzindo a caminhos que jamais achei que iria trilhar. Um deles – narrado em meu livro *Desigualdade e caminhos para uma sociedade mais justa*, publicado pela Editora Civilização Brasileira – foi exatamente para uma vivência de quase um mês em acampamentos e assentamentos rurais organizados pelo Movimento dos Trabalhadores Rurais sem Terra, o MST, temido protagonista das reportagens que tanto assisti ao longo da vida. A viagem não somente mudou por completo o entendimento que eu tinha sobre a questão da terra, como também transformou a minha vida.

Neste breve prefácio não irei, naturalmente, apresentar a forma como passei a compreender o conflito pelo uso da terra em nosso país, mas cabe ressaltar a grande importância que passei a dar a esse assunto em minhas análises sobre o Brasil, sejam elas culturais, ambientais, econômicas, políticas ou sociais. É impossível não considerar a luta pelo uso da terra como elemento fundamental para compreender a nossa realidade.

Dois dados talvez sirvam para despertar (ou "desesperar", diriam alguns) o interesse do leitor ou leitora pelo tema. O primeiro informa que mais da metade das terras cultiváveis do país está nas mãos de menos de 1% dos proprietários de terras. O segundo mostra que as grandes propriedades de terra (latifúndios) – cujos donos devem mais tributos e empréstimos ao Estado do que suas terras têm de valor estimado – somam vários milhões de hectares, espaço suficiente para acomodar todos os trabalhadores rurais sem terra no Brasil e produzir uma quantidade de alimentos capaz de garantir a soberania alimentar de nosso país.

Motivos não faltam para ler este livro – e, espero eu, que também não faltem para apoiar a Reforma Agrária e a luta popular camponesa após esta leitura.

Eduardo Moreira

*Engenheiro, especialista em finanças, ex-banqueiro, escritor, criador do Instituto Conhecimento Liberta (ICL) e também apresentador do ICL Notícias, o maior canal de jornalismo independente do YouTube no Brasil.*

# Terras, deuses e homens

## Ganância

O conto intitulado *De quanta terra precisa o homem?*, escrito pelo russo Liev Tolstói e publicado em 1886, nos faz pensar muito sobre o sentido ético e social da acumulação de bens – mais especificamente a respeito da propriedade da terra.

Essa obra narra a história de Pakhóm, um camponês que tem terras suficientes para sustentar a si e a sua filha, mas que é dominado por um estranho e obsessivo desejo de ter mais terras. "Se eu tivesse muita terra, não temeria nem mesmo o próprio diabo", murmurava ele, sem saber que o demônio o escutava.

Mesmo tendo conseguido aumentar os seus domínios, Pakhóm não estava satisfeito e decidiu adquirir mais terras numa região longínqua, onde um chefe tribal lhe propôs um desafio tentador: Pakhóm ficaria com todas as terras que conseguisse percorrer a pé durante um dia, desde que voltasse ao ponto de partida antes do pôr do sol. Se não fizesse isso, perderia tudo.

Pakhóm caminhou o máximo que pôde, mas, quando decidiu voltar, seu corpo não resistiu à exaustão e ele morreu a pouca distância do lugar de chegada.

A exemplo do personagem criado por Tolstói existem pessoas, grupos e corporações que ambicionam ter mais e mais terras, sem levar em conta que sua propriedade excedente fará falta para alguém. Isso acontece em diversas partes do mundo desde que a terra se transformou em símbolo de prestígio e poder. Mas nem sempre foi assim.

**SAIBA +**

Leia o conto *De quanta terra precisa o homem?*, de Liev Tolstói.

## Onde nasceu o problema

A terra é tão importante para a humanidade que em muitas das mais antigas religiões existe o mito de que o ser humano foi criado a partir dela.

No Antigo Testamento, no Livro do Gênesis (2,7-8.21-23), texto sagrado para cristãos e judeus, está escrito: "Então, o Senhor Deus formou o homem do pó da terra e soprou em suas narinas o fôlego de vida, e o homem se tornou um ser vivente". No Alcorão (38,71-72), livro sagrado dos seguidores do islamismo, consta: "Quando teu Senhor disse aos anjos: 'Estou criando um ser humano a partir de argila, de barro moldável'".

Há diferentes versões para a criação do ser humano nas tradições africanas, mas para todas foi também a partir do barro que fomos moldados. Para os hindus a terra é uma deusa feminina, Bhudevi, a Mãe Terra, e os seres humanos devem viver em harmonia com a terra e a natureza, o Dharma. Na mitologia nórdica, os primeiros homens foram criados a partir de árvores.

Na mitologia dos povos originários da América, a relação entre os seres humanos e a terra também é essencial. Para os povos Tupi-guarani, Nhanderu Tenondé Porã criou o primeiro ser humano da terra ou argila; para os sioux, nativos norte-americanos, os seres humanos foram criados das rochas ou da lama; para os maias, os seres humanos descendem do milho, um fruto da terra.

É simples entendermos por que a terra é tão importante para todos os seres humanos, pois é da natureza que extraímos o indispensável para a nossa sobrevivência. Seja o homem mais rico do mundo ou um caçador e coletor em Papua Nova Guiné, todos nós dependemos do que a terra oferece para assegurarmos a sobrevivência.

Foi essa motivação que levou alguns grupos humanos a perceberem o ciclo das plantas. Em consequência, há 11 mil anos deu-

-se a Revolução Agrícola, a descoberta de como e quando plantar, cultivar e colher alimentos. Os povos agricultores passaram a selecionar as plantas com mais calorias (maior capacidade de produzir energia), mais saborosas ou mais fáceis de cultivar. Essa ciência é chamada agricultura. Todo agricultor é um cientista prático, porque pesquisa as melhores variedades, descarta aquelas menos produtivas ou venenosas, percebe as relações entre essas plantas e a saúde do solo e sua relação com o ambiente em geral.

Embora não abandonassem a caça e a coleta, com a produção de alimentos alguns povos se fixaram em territórios próximos a rios e lagos de água-doce. Essa sedentarização gerou maior segurança, fortaleceu os laços entre os indivíduos da comunidade e resultou na primeira explosão demográfica da história da humanidade.

As sobras dos alimentos consumidos pelos homens atraíam animais, que eram domesticados e se tornavam opções de alimento ou força de trabalho nas plantações. Os povos agricultores formaram aldeias, que, com o passar do tempo, se fundiram e deram origem às primeiras cidades.

A formação das cidades é considerada por diversos pesquisadores como "a maior das invenções humanas", pois levou as sociedades a viverem em espaços mais restritos, criarem leis escritas, exércitos e um conjunto de instrumentos que ajudavam o governante a governar. Foi assim que se formaram os Estados. Quando uma sociedade se desenvolve a tal ponto que constitui um Estado, afirmamos que é uma civilização.

Sendo fonte de alimentos e outros recursos, a terra se tornou também fonte de poder econômico e político. Por isso, quando se estabeleceu a concentração de terras nas mãos de governantes ou de grupos privilegiados, se instituiu uma desigualdade social, motivo de tensões e conflitos.

## Conflitos pela terra

Nos tempos em que eram apenas caçadores e coletores, os grupos humanos lutavam entre si pelo controle sobre as terras que forneciam água e alimentos. Após a Revolução Agrícola e a formação das primeiras civilizações, essas lutas se ampliaram e se intensificaram, pois estabeleceu-se uma disputa por terras férteis, apropriadas às plantações.

Quanto mais as civilizações se desenvolviam, maiores eram as suas desigualdades internas. Os governantes que se diziam descendentes dos deuses, os melhores guerreiros e os líderes religiosos conquistaram posições sociais que lhes asseguravam as melhores terras. Por essa razão ocorreram manifestações de descontentamento dos camponeses oprimidos. A história registra revoltas no Egito, na China, na Índia e na Mesopotâmia antigas, sempre duramente reprimidas pelos governantes e grupos privilegiados.

Na Grécia Antiga, entre os séculos VIII e VI antes de Cristo, a aristocracia – famílias mais importantes, geralmente associadas à fundação das cidades – ampliou as suas terras e o domínio sobre os camponeses. Fazendeiros mais ricos emprestavam sementes ou recursos para a produção das famílias de pequenos agricultores. Caso a dívida não fosse paga, em razão de uma seca ou outro problema, o devedor poderia perder suas terras e até sua liberdade, sendo escravizado até saldar a dívida.

Naquele tempo, a Grécia Antiga estava dividida em pequenos territórios, que eram administrados pelas cidades-Estado, as *póleis*. Os gregos falavam a mesma língua e tinham os mesmos costumes, mas cada *pólis* e o território que dominavam usufruía de grande autonomia, com leis próprias. Essa fragmentação política foi a brecha para que ocorressem rebeliões camponesas.

Em Cocira, a revolta popular contra as dívidas e a apropriação das terras se tornou uma guerra civil, com o levante de homens, mulheres e pessoas escravizadas que terminaram expulsando ou matando todos os ricos proprietários.

Em Atenas, entre 592 e 591 a.C., um chefe militar e legislador chamado Solon chegou ao poder com o apoio dos camponeses. Ele não atendeu à exigência de redistribuição das terras, mas decretou a abolição radical das dívidas, a proibição de confisco das propriedades e o fim da escravização dos atenienses por dívidas – um grande avanço para a época, quando muitos temiam perder a liberdade ao se tornarem devedores.

Nos anos seguintes, outro legislador e comandante militar, Psístrato, assumiu a liderança daquela *pólis* e promoveu novas reformas políticas, como a distribuição de terras entre os agricultores pobres. Em 508 a.C. foi a vez de Clístenes assumir as rédeas e propor leis que permitiram aos comerciantes, fabricantes de navios e camponeses se juntarem aos aristocratas nas Assembleias de Cidadãos, onde se discutiam os rumos da *pólis*. Apesar das suas limitações, pois excluíam mulheres, estrangeiros livres e pessoas escravizadas, foram essas mudanças que deram origem à democracia, referência para o modelo político dos dias atuais.

Já na Roma Antiga a luta pela terra não levou ao regime democrático. Essa cidade-Estado se expandiu graças à sua capacidade militar, que resultou na conquista de outros povos, territórios e escravizados. Os despojos de guerra eram divididos principalmente entre a elite romana, os patrícios, que se tornavam proprietários de porções cada vez maiores de terra. Foi nesse contexto que surgiu a palavra latina *latifundia* para descrever as grandes propriedades de terra, estabelecidas principalmente depois da conquista da Sicília, que pertenciam a um único proprietário. Aos pobres, conhecidos como proletários (pois seu único bem era a família, sua prole), restava apenas o direito de trabalhar nas terras cedidas pelo governo, que geralmente não eram as mais produtivas.

Novamente, a concentração de terras produziu conflitos e tensões sociais, com revoltas de escravizados, como aquela liderada por Espártaco em 73 a.C., e de camponeses pobres que ocupavam as terras dos latifundiários. Foi essa tensão que levou Tibério Graco, tribuno da plebe, representante dos pobres no Senado romano, a propor uma espécie de Reforma Agrária. Pela proposta, seria estabelecido um limite máximo do tamanho para a propriedade da terra. As terras que ultrapassassem esse limite seriam confiscadas e entregues aos camponeses despossuídos. Diante dessa ameaça, os latifundiários assassinaram Tibério e trezentos dos seus seguidores. Seu irmão, Caio Graco, também tribuno da plebe, tentou retomar as propostas que beneficiavam os camponeses. Ameaçado e cercado por soldados a serviço dos latifundiários, pediu para que um escravizado tirasse sua vida diante da derrota iminente. Com a repressão aos movimentos reformistas, a estrutura fundiária romana persistiu baseada na grande propriedade de terras, geralmente exploradas pelo trabalho escravo.

Na Era Cristã, no ano 330, problemas de natureza administrativa e ameaças externas levaram à divisão dos domínios romanos no Ocidente e no Oriente. Enquanto na primeira o latifúndio e o trabalho escravo continuaram sendo a base da economia, na porção oriental prevaleceram as terras comunais de aldeias, trabalhadas pela mão de obra familiar. O Império Romano do Ocidente, que desde o século III dava sinais de fraqueza, viu o seu último governante ser deposto no ano 476, enquanto o lado oriental existiu por quase 1.000 anos a mais. Uma das conclusões possíveis é que o modelo agrário baseado nas terras comunais gerou maior estabilidade e coesão interna.

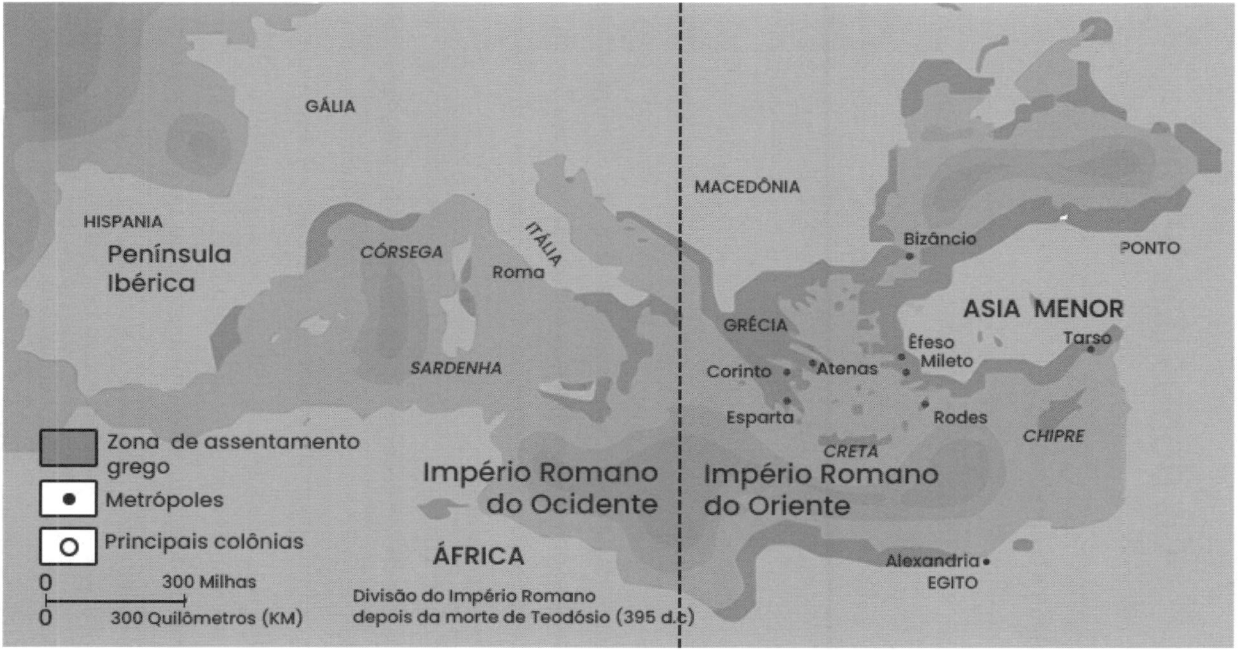


**Gregos e romanos formaram a base do pensamento ocidental, influenciando fortemente a nossa forma de agir e de pensar. Nessas civilizações, a propriedade da terra era fator de privilégios políticos e sociais.**

# Os donos das terras

## Formação do capitalismo

O Império Romano, que fora um gigantesco domínio, se desintegrou a partir do século V e deu lugar a inúmeros pequenos reinos, formados pelos diversos povos invasores vindos do leste da Europa e norte da África. A nova fase da história ocidental ficou conhecida como Idade Média, e estendeu-se até o século XV.

Fortificados para a defesa militar das terras, os latifúndios se transformaram em feudos. O feudo era uma parcela das terras do rei, concedida aos barões de maior prestígio, conhecidos como senhores feudais. Embora existissem pessoas escravizadas nessa época, a maior parte do trabalho na terra e nas manufaturas era feita pelos servos, que tinham diversos compromissos com o senhorio, embora não fossem propriedade dele, além de alguns direitos assegurados pela tradição.

As obrigações dos servos eram muitas e bastante severas: além de trabalharem com equipamentos precários nas terras que lhe cabiam, tinham o dever de produzir nas terras comunais, nas terras senhoriais e ainda pagar tributos para a nobreza e a Igreja. Além disso, como prova de fidelidade ao senhorio e ao rei, eram impedidos de deixar o feudo. Esse era o modo de produção feudal.

O modo de produção é a maneira como a sociedade se organiza para produzir; revela qual é a mão de obra empregada, o destino da produção e a quem pertencem os instrumentos de produção, como as terras, as ferramentas e outros recursos.

As inovações tecnológicas surgidas a partir do século X, como o emprego de energia eólica ou hidráulica na moagem dos grãos, o uso do arado de ferro, as melhorias nos transportes, entre outros fatores, impactaram positivamente a produção e isso estimulou o comércio. Inicialmente, as trocas comerciais se limitavam aos feudos que compunham um reino; depois, passaram a acontecer entre os reinos.

Para facilitar a comercialização foi estabelecido um sistema financeiro, com casas de câmbio, bancos e documentos de crédito. Esse conjunto de inovações facilitou a acumulação de riquezas nas mãos dos comerciantes, financistas e beneficiados pelos tributos, lançando as bases da primeira fase da economia capitalista. O segmento social responsável por esse novo modelo habitava e atuava nas cidades, nos burgos, o que lhes valeu a denominação de burgueses.

Assim, podemos sintetizar o conteúdo abordado da seguinte maneira: de modo geral, considerando o mundo conhecido de então, centrado na Europa e que incluía partes da Ásia e da África, na Antiguidade as terras pertenciam ao Estado, e o grosso da produção cabia aos escravizados. Na Idade Média o Estado era fragmentado (poder nas mãos dos senhores feudais) e as terras eram exploradas por servos. Portanto, nos dois períodos, que somados significam pelo menos 3,5 mil anos, a maior parte dos indivíduos de uma sociedade não era dona de terras – ou, pelo menos, não tinha as melhores terras.

## Grandes mudanças

Entretanto, o desenvolvimento do comércio e das finanças encontrou barreiras no poder dos nobres, que instituíam e cobravam tributos. Esse cenário somente foi alterado com as revoluções ocorridas na Europa entre os séculos XVII e XVIII.

Naquela época, a burguesia em ascensão passou a aplicar seu capital num novo negócio, a produção com o uso de máquinas, que exigiu o rompimento com os obstáculos tributários impostos pelo sistema feudal. Ou seja, com o aumento da produção houve a necessidade de viabilizar cada vez mais a circulação de mercadorias, e essa nova realidade implicou diminuir o poder econômico e político dos nobres e libertar os servos dos feudos para que eles pudessem trabalhar nas oficinas e receber salários, o que os transformaria em consumidores. Seguindo essa lógica, trabalhadores assalariados produzem mais e são também consumidores – o próximo passo foi abolir a escravidão, como veremos mais adiante.

Essa nova organização da sociedade e da economia, que tinha por objetivo a acumulação, é o que chamamos de modo de produção capitalista.

O ponto de partida para essas transformações sociais, políticas e econômicas foram as revoluções inglesas do século XVII. Em dois movimentos, um em 1642 e outro em 1688, a burguesia da Inglaterra limitou o poder da Coroa e abriu um espaço para participar das decisões políticas ao fortalecer o Parlamento, do qual passou a participar mediante a Câmara dos Comuns. Atuando na política, esse segmento social defendeu seus interesses, como adquirir terras para transformar lavouras em áreas de pastagem para ovelhas, que produziam a lã necessária à nascente indústria têxtil. Com isso, se formou uma burguesia agrária que manteve a maioria dos trabalhadores distante da propriedade da terra.

Na França, em 1789, burgueses, pobres urbanos e camponeses obrigaram o rei a aceitar uma constituição, novas leis e novas relações entre os segmentos sociais. Diante da reação da nobreza, que rejeitava perder privilégios, o movimento francês se radicalizou – e o que era uma proposta de reformas políticas se transformou em revolução. Foi a Revolução Francesa, que instituiu uma monarquia liberal e, mais tarde, uma república.

Uma das medidas tomadas pelos revolucionários franceses foi a abolição dos privilégios feudais e o confisco de muitas terras que estavam nas mãos da nobreza e do clero, permitindo que os camponeses tivessem acesso à propriedade agrária e maior controle sobre suas terras. Por essa e outras razões, a Revolução Francesa é um dos marcos fundamentais da história do Ocidente.

Se entre os ingleses ocorreu a desconcentração de terras que estavam nas mãos da nobreza, na França tivemos uma Reforma Agrária clássica adotada no capitalismo para desenvolver tanto a agricultura quanto a indústria, desconcentrando o poder político e democratizando o acesso à terra. Para que fosse efetiva, essa Reforma Agrária precisava ser uma ação do Estado, por meio de leis e mecanismos de apoio aos agricultores. Nesses casos, a distribuição foi feita de forma rápida e atendeu grande parcela dos necessitados.

Outros países da Europa Ocidental passaram por processos semelhantes, concluindo a passagem do feudalismo para o capitalismo. Dessa forma, esses países estavam em melhores condições de competir no mercado mundial que se reorganizava, entre 1750 e 1820, já que a Revolução Industrial exigia cada vez mais matérias-primas e mercados consumidores.

## Terra e liberdade

Por sua eficiência em promover justiça social e desenvolver as nações, no século XX a Reforma Agrária foi adotada também por outros países. Na pauta de reivindicações, a redistribuição das terras foi acompanhada pela oposição aos governos centralizadores e tirânicos.

Em 1917, soldados, camponeses e operários russos fizeram sua revolução para derrubar o governo despótico do Imperador Nicolau II e colocar fim aos privileios feudais da nobreza e ao favoritismo da alta burguesia. Porém, não adotaram o caminho do capitalismo: a Rússia foi o primeiro país do mundo a adotar o regime socialista, buscando a construção de uma sociedade sem classes sociais. As terras, as fábricas, os meios de transporte e de comunicação, a educação e todos os demais itens da vida em sociedade passaram para o controle do Estado, que se apresentava como representante das classes trabalhadoras.

Na Rússia, que mais tarde se transformou na União das Repúblicas Socialistas Soviéticas (URSS), ocorreu uma Reforma Agrária socialista, resultante de medidas radicais e profundas, com as terras confiscadas pelo governo e redistribuídas, beneficiando mais de 3 milhões de famílias camponesas.

O medo de que o exemplo russo se espalhasse levou alguns de seus países vizinhos na Europa Oriental a realizarem uma Reforma Agrária clássica antes que os conflitos no campo produzissem outras revoluções socialistas. Foram os casos da Romênia (1918), Tchecoslováquia, Áustria, Polônia, Alemanha, Estônia (1919), Grécia, Letônia, Hungria (1920) e Bulgária (1921).

**Na revolução socialista russa, as palavras de ordem "Paz, pão e terra" faziam clara referência à Reforma Agrária. No texto do cartaz, celebra-se a aliança entre operários e camponeses. (Ivan Vasilievich Simakozv, 1924). https://commons.wikimedia.org/wiki/**

A China iniciou a Reforma Agrária antes mesmo de os comunistas conquistarem o poder em 1949, à medida que os antigos proprietários de terra eram derrotados nas províncias. Os chineses realizaram provavelmente a maior Reforma Agrária do mundo, beneficiando 70 milhões de camponeses. Vietnã e Cuba também fizeram reformas agrárias desse tipo.

No Japão, a Lei de Reforma Agrária de 1946 beneficiou 4,3 milhões de famílias, distribuindo 2 milhões de hectares de terras, com o limite máximo de 3 hectares por família. Resultados dessa limitação: otimização no aproveitamento da terra e desenvolvimento de refinadas tecnologias de cultivo. Outros países capitalistas asiáticos, como Taiwan e Coreia do Sul, também fizeram reformas na primeira metade daquele século.

Nos anos de 1950, a Itália pôs em prática uma política reformista para diminuir as tensões sociais e distribuiu 610 mil hectares para 113 mil famílias de agricultores.

## Reformas não concluídas

Outros movimentos não tiveram o mesmo sucesso na democratização das terras porque seus agentes não alcançaram suficientemente o poder para que as mudanças se consolidassem. Foi o que aconteceu no México, com Emiliano Zapata e Pancho Villa (1910-1920), e na Bolívia (1952-1955).

Também fracassaram os movimentos reformistas que não alteraram a estrutura de propriedade das terras, que permaneceram controladas por indivíduos privilegiados. Isso ocorreu no México (1934-1940), no Egito (1953-1956) e no Chile (1965-1969).

No início da década de 1960, ainda impactados pela Revolução Cubana a poucos quilômetros de sua costa, os Estados Unidos orientaram seus aliados latino-americanos a realizarem reformas agrárias nesse modelo. Honduras, Colômbia, Equador e Peru atenderam à orientação, mas algumas reformas não foram suficientemente abrangentes e outras sequer foram concluídas.

## Compromisso com a justiça social

A possibilidade de sucesso de uma Reforma Agrária é maior quando há um governo decidido a fazê-la e um movimento social camponês forte que pressiona para sua efetiva realização, seja num sistema capitalista ou socialista. Nesses casos ocorrem as reformas agrárias populares. No Egito (1958-1960) e no Chile (1970-1973) elas permitiram avançar muito além das reformas anteriores. Na Nicarágua (1979-1989), mesmo com a inspiração socialista daquela revolução, essa foi a Reforma Agrária adotada. Muitos países africanos, em seus processos de libertação colonial ocorridos nas décadas de 1960 e 1970, também adotaram as reformas populares para superar a herança colonial e estimular o desenvolvimento.

Em resumo, independentemente do modelo de organização adotado por uma sociedade, capitalista ou socialista, e do período em que as medidas foram adotadas, a Reforma Agrária sempre se caracterizou por ser um mecanismo de democratização do acesso à terra e, por consequência, de combate à pobreza, à fome e à desigualdade social.

# As terras do Brasil

## Brasil antes de Cabral

E como foi a questão da propriedade da terra no Brasil?

Estima-se que por volta do ano 1500 viviam neste território que hoje chamamos de Brasil entre 1 e 5 milhões de pessoas. No litoral, onde havia maior oferta de alimentos, existiam em torno de 600 mil habitantes de língua tupi-guarani, principalmente os Tupinambás e, em menor número, os Guaranis.

Os tupi-guarani viviam em aldeias independentes e se dedicavam à caça, pesca, coleta e horticultura para subsistência. Extraíam da natureza ou produziam apenas o necessário para sua sobrevivência cotidiana. Cultivavam de forma rudimentar principalmente mandioca, feijão, batata-doce e diversos tipos de milho, além de amendoim, abóbora, banana, abacaxi, tabaco e algodão.

Os povos que aqui viviam desconheciam completamente uma ideia trazida pelos portugueses: a propriedade privada. Essas populações dispunham de uma imensidão de terras e recursos naturais, com muitas florestas, campos e águas. Estima-se que cada aldeia com 150 ou 200 habitantes explorava um território de aproximadamente 45 quilômetros quadrados. Dada essa abundância de recursos, não fazia sentido um povo se declarar dono de qualquer coisa que a natureza oferecia.

Também não era necessário produzir além do que precisavam para o consumo imediato, pois não corriam o risco de escassez. A coleta, a caça, a pesca e os pequenos cultivos de raízes e grãos eram suficientes para abastecer as aldeias e promover algumas trocas entre elas. Se por acaso faltasse alimento ou água, deslocavam a aldeia para outro lugar.

Por outro lado, as facilidades para obter alimentos impediram esses povos de desenvolver técnicas e ferramentas mais complexas para a produção. Eles empregavam principalmente a energia humana e o fogo para limpar terrenos, e paus pontiagudos para plantar as sementes; desconheciam o arado e a tração animal, e armazenavam grãos em vasilhames de barro; além disso, sabiam que alguns produtos de origem animal e vegetal serviam para adubar a terra e revitalizar as plantas.

Um náufrago alemão, Hans Staden, que foi capturado pelos tupinambás no século XVI, descreveu como era a produção dessas comunidades:

> Quando querem plantar derrubam as árvores nos lugares que escolheram para o plantio e deixam-nas secar durante cerca de três meses. Então põem fogo nelas e as queimam. Depois enterram as mudas das plantas de raízes, que usam como pão, entre as cepas das árvores. Essa planta chama-se mandioca. É um arbusto que cresce até uma braça de altura e cria três raízes. Quando querem preparar as raízes arrancam o arbusto, retiram as raízes e os galhos e enterram novamente pedaços do tronco. Estes, então, geram raízes e crescem em seis meses, o necessário para que se possa consumi-los (Staden, 2007).

Em um relato contemporâneo, o cacique yanomami Davi Kopenawa nos mostra como o cultivo tinha outros sentidos comunitários para os povos nativos:

> Quando Omama criou nossos ancestrais e ensinou a eles as coisas deste mundo, eles tinham o pensamento tranquilo. Abriam novas roças na floresta e trabalhavam nelas com dedicação. Plantavam bananeiras, mandioca, cana, cará, taioba, batata-doce, milho e tabaco. Tinham também muitas pupunheiras (plantas comestíveis). Sua

> preocupação era ter grandes roças, para que os convidados de suas festas [...] fossem muitos e, satisfeitos, lembrassem sua generosidade com belas palavras. E quando as roças começavam a produzir, partiam todos juntos para caçar longe na floresta. Então flechavam grandes quantidades de macacos, antas e queixadas, e os moqueavam (assavam) antes de trazê-los de volta para casa. Depois se convidavam entre as casas, durante toda a estação seca (Kopenawa; Albert, 2019).

De acordo com cronistas da época e pesquisadores atuais, uma aldeia de povos originários ficava estabelecida num mesmo lugar pelo período de 3 a 5 anos, quando os recursos naturais (inclusive o solo de cultivo) davam sinais de esgotamento. Então o grupo se deslocava para alguns quilômetros adiante e ali se estabelecia. Tinha esse hábito porque compreendia a necessidade de a natureza se recompor.

## Fonte de mercadorias

Nada poderia ser mais diferente dos modos de vida dos povos que viviam neste território do que os modos de vida dos portugueses que aqui chegaram.

Enquanto os povos originários viviam em aldeias, muitas vezes aliadas, e trocavam produtos entre si, Portugal era um Estado moderno, com território bem-definido, soldados profissionais, leis escritas e governado por um rei muito poderoso, que contava com o apoio dos nobres e da burguesia.

Para financiar os privilégios da nobreza e atender aos interesses dos comerciantes por novos mercados e mercadorias, o reino de Portugal praticava viagens marítimas transoceânicas. Foi nesse contexto que em 1500 os portugueses tomaram posse da Terra de Santa Cruz, 30 anos depois conhecida como Terra do Brasil ou simplesmente Brasil.

O Brasil foi pensado pelos portugueses como uma grande empresa capitalista. Por causa do choque de mentalidade que se estabeleceu entre os originários da terra e os europeus invasores, o cacique yanomami Davi Kopenawa chama os brancos de "o povo da mercadoria", pois para eles tudo gira em torno de adquirir, consumir e acumular riquezas.

Por isso as terras do Brasil foram destinadas a produzir matérias-primas que interessassem ao mercado europeu. Inicialmente, os portugueses se limitaram a extrair pau-brasil e alguns frutos da Mata Atlântica. Porém a presença constante de contrabandistas colocava em risco os interesses comerciais e o controle português sobre as novas terras. A solução foi colonizar (ocupar) o Brasil, e o atrativo para os colonos foi o cultivo da cana-caiana, que os portugueses já cultivavam nas ilhas do Atlântico. Dessa planta extrai-se o açúcar, produto que no século XVI tinha muito valor comercial, a ponto de ser considerado uma especiaria. Portanto, a agricultura planejada para o Brasil tinha como objetivo o mercado externo, e a produção deveria acontecer em larga escala. Esse modelo impôs a necessidade do plantio praticamente exclusivo da cana em grandes extensões de terra, estruturando a economia colonial em latifúndios monocultores, voltados para a exportação.

O trabalho nessas grandes extensões de terra exigia muita mão de obra, e Portugal tinha uma população pequena, menos de 2 milhões de habitantes, com pouca gente disposta a se arriscar na perigosa travessia do Atlântico e nas desconhecidas terras americanas. A solução foi o trabalho forçado dos indígenas, que resistiram lutando ou fugindo para o interior.

Como o litoral do Brasil facilita o contato com a África e o tráfico de pessoas escravizadas era um negócio bastante lucrativo para os traficantes e compradores, aqueles que planejaram a economia açucareira decidiram pelo uso de africanos cativos na lavoura canavieira. Essa escolha mostra que no capitalismo comercial e financeiro que se consolidava no século XVI tudo se transformara em mercadoria, inclusive os seres humanos. Os primeiros escravizados negros chegaram ao Brasil no início da década de 1530.

**SAIBA +**

Assista a série de documentários *As guerras do Brasil* – episódio 1 (Brasil, 2019, direção de Luiz Bolognesi).

Essa série de cinco episódios aborda os principais conflitos armados da história do país, combinando imagens e fatos com a análise de especialistas. O primeiro episódio trata das guerras coloniais e dos confrontos entre os povos indígenas e os invasores portugueses.

## Feudalismo no Brasil?

Nessa organização, as terras do Brasil continuavam pertencendo à Coroa de Portugal. Mas, como o rei não tinha riquezas suficientes para investir na produção e comercialização de açúcar, a alternativa foi adotar o mesmo sistema que os lusitanos já utilizavam nas ilhas de Madeira, Açores e Cabo Verde: dividir as terras grandes em lotes, denominados capitanias hereditárias, e concedê-los a fidalgos (nobres de menor prestígio), chamados donatários. Eles tinham o direito de explorar as terras e um conjunto de obrigações, como defender a terra, impor leis, zelar pela justiça e desenvolver a agropecuária. Além disso, cabia aos donatários e colonos o pagamento do "quinto", o mais tradicional tributo cobrado pelo governo, correspondente a 20% da riqueza produzida. O donatário tinha também o direito de conceder faixas menores, as sesmarias, para que outros explorassem.

Essa prática de concessão de terras pelo rei e de nobres cobrando tributos faz muita gente imaginar que o Brasil conheceu uma espécie de feudalismo, mas isso não se confirma, pois a colonização

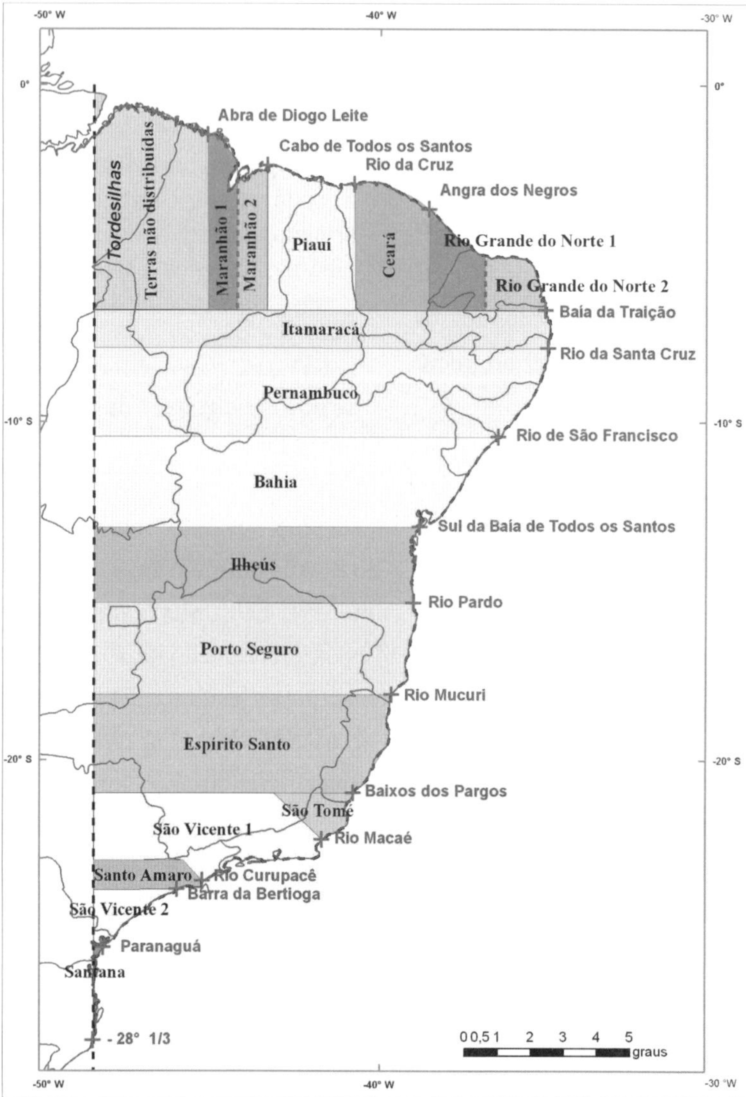


**Muitos mapas representam todas as capitanias com faixas horizontais, mas pesquisas recentes mostram que as capitanias do Norte tinham representação vertical.**
**Fonte: Cintra (2013). https://commons.wikimedia.org/wiki/File:Novo_mapa_Capitanias.jpg**

das terras de Portugal na América ocorreu no contexto de afirmação do capitalismo, no qual a acumulação de riquezas é mais importante do que os valores da nobreza guerreira medieval.

A presença de piratas e contrabandistas no litoral, indígenas hostis, a falta de recursos para investimentos, os riscos da travessia do Atlântico, o desinteresse de diversos fidalgos e outros problemas levaram ao fracasso do sistema de capitanias. Dentre as 15 que foram criadas, apenas duas prosperaram: São Vicente e Pernambuco. Por isso, em 1549, o rei Dom João III transformou as capitanias hereditárias em capitanias reais, mas a forma de distribuição das terras e o seu uso permaneceram sem alterações. Isso quer dizer que os mais pobres continuaram sem terras.

## Escravidão negra

Com a utilização sistemática e numerosa de negros escravizados, o modelo colonial português causou um forte impacto no modo de vida de diversos povos africanos. A começar pela quantidade de indivíduos forçados a virem para o Brasil: estima-se que entre 1530 e 1850 cerca de 4 milhões de homens, mulheres e crianças africanos desembarcaram no país como cativos, com destino a plantações, mineração, serviços urbanos e domésticos. Eram indivíduos jovens e saudáveis, justamente a força dinâmica da economia de seus territórios originários.

Os africanos trazidos para o Brasil pertenciam a dois grandes grupos: os da África Ocidental – povos ga-adangbe, yorubá, igbo, fon, ashanti, ewe, mandinga e outros grupos nativos de Guiné, Gana, Benin, Guiné-Bissau e Nigéria – e os bantos, originários de Angola, Congo e Moçambique. Os escravizados eram frequentemente camponeses capturados ou pessoas que perderam sua liberdade por motivos políticos e econômicos.

Essas etnias trouxeram consigo não apenas força de trabalho, mas suas ricas tradições religiosas e artísticas, dialetos e a prática da oralidade, entre outras tantas influências, que construíram o sincretismo (fusão cultural e religiosa) existente na atual sociedade brasileira. Os quase 300 anos de tráfico negreiro resultaram também em trocas culturais tão importantes que alguns pesquisadores afirmam ter ocorrido um "encontro de civilizações" – europeias e africanas – na América.

## Produtor mundial

A economia açucareira no Brasil se fundamentava então em três pilares: no latifúndio, na mão de obra escrava e no propósito exportador. Esse conjunto caracteriza o que denominamos *plantation*, que viabilizou o circuito comercial do Atlântico: escravizados da África para a América → produção de açúcar no Brasil → abastecimento da Europa e de mercados menores na Ásia.

Para produzir açúcar era necessário ter o engenho, a fábrica de açúcar. Os engenhos eram divididos em diferentes setores: moagem da cana, fermentação, purificação (limpeza) do caldo, formatação, secagem e encaixotamento. Depois, os "pães de açúcar" eram levados até os navios, que os embarcavam para a Europa, onde aconteciam a trituração e a distribuição do açúcar em pó.

O engenho era um equipamento caro, construído com peças de metal importadas, que requeria habilidades específicas. Essa exigência, a presença de tecnologia e a divisão do trabalho fazem alguns estudiosos afirmarem que no Brasil dos séculos XVI e XVII houve certo impulso industrial. Em 1570, havia apenas 60 engenhos; em 1583, existiam 115; e, em 1630, o total era de 350, quase todos localizados nas proximidades do litoral.

Com engenhos, clima favorável ao cultivo da cana, vastas extensões de solo de massapê e abundância de águas, o Brasil passou a ser o maior produtor mundial de açúcar, especiaria que se tornara a grande novidade na alimentação dos europeus daquela época.

Esse conjunto de fatores nos permite avaliar o quanto os grandes fazendeiros se tornaram mais poderosos: eles tinham pessoas escravizadas e, às vezes, eram também donos de engenhos, tinham concessões de terras e certamente influenciavam muito na política e na vida cotidiana da colônia. Portanto, a posse de terras já era instrumento de dominação no Brasil daquela época.

## Trabalhadores livres

No latifúndio não viviam apenas os senhores de terra e engenho de um lado e escravizados de outro. Naquele lugar também havia carpinteiros, funileiros (especialistas no trabalho com metal), tanoeiros (fabricantes de barris), barqueiros e capatazes. Esses trabalhadores eram assalariados e deviam grande fidelidade ao senhorio como forma de se manterem no emprego e assegurarem a moradia. Era comum esses homens livres formarem grupos armados para defender a propriedade e seus equipamentos de ataques de indígenas hostis, assaltantes e desafetos do senhorio.

Circulando entre as poucas vilas e os latifúndios estavam os caixeiros-viajantes e tropeiros, que abasteciam os povoados e fazendas com ferramentas, tecidos, pólvora, louças, alimentos em conserva, bebidas especiais e outros itens do cotidiano, muitos deles trazidos do exterior.

Porém, com as grandes fazendas praticando a monocultura da cana, havia carência de alimentos básicos nas vilas e mesmo nas propriedades rurais. Essa escassez era suprida pelas pequenas propriedades da vizinhança, que empregavam mão de obra familiar – quando muito alguns poucos indígenas ou negros escravizados – para produzir frutas, verduras, legumes, cereais e tabaco, sendo que este último item foi bastante usado como moeda de troca no tráfico de africanos e africanas. Ou seja: o funcionamento da grande propriedade e a sobrevivência dos núcleos urbanos dependiam da pequena propriedade.

O latifúndio monocultor não gerou apenas problemas de abastecimento para a população colonial; esse modelo também afetou o meio ambiente. Quando se promove a derrubada de matas nativas para o cultivo de um único produto, a fauna, o solo e os recursos hídricos são impactados negativamente. Como exemplo, vamos considerar que algumas espécies de insetos, necessários ao equilíbrio ambiental, não se adaptam às novas plantas e abandonam o lugar, inclusive com risco de extinção. Também podemos pensar que existem diferentes tipos de raízes, que absorvem mais ou menos água, interferindo no lençol freático.

Muitos desses pequenos lavradores eram "caboclos", indígenas aculturados ou mestiços que trabalhavam cultivando plantas de ciclos curtos e utilizando instrumentos rústicos. Conhecidos como "rendeiros", eles exploravam terras que não lhes pertenciam em troca de uma parte da produção ou do ganho com a sua comercialização. Quando o latifúndio precisava se expandir, as terras dos rendeiros eram ocupadas, e eles forçados a se deslocar para lugares cada vez mais distantes. Com o tempo, a expressão "caboclo" passou a definir todo aquele que vivia e trabalhava precariamente, sem a posse da terra e com lavouras temporárias.

Havia também trabalhadores livres na pecuária extensiva. A expansão das fazendas canavieiras forçou o deslocamento do rebanho para o interior, e o gado foi levado para reservas de água-doce, onde era criado solto e completava a sua alimentação com os "lambedouros", as jazidas de sal-gema. Essa forma de criação deu origem aos vaqueiros nordestinos e ao seu modo de vida singular, no qual utilizavam (e ainda utilizam) inúmeros subprodutos da pecuária, constituindo a "civilização do couro".

# Desigualdades permanentes

## O trabalho e as cidades

O modo como a exploração se organizou no Brasil tinha características que, de alguma forma, permanecem até hoje.

A primeira delas é a estruturação da produção agrária baseada no latifúndio, na monocultura para exportação e com superexploração do trabalho, fosse escravo ou livre. Depois da cana-de-açúcar, o algodão e o café seguiram o mesmo modelo.

A segunda característica é a escravidão. Ainda que o regime de trabalho escravo tenha sido formalmente abolido em 1888, as dimensões raciais, sociais, econômicas e políticas permanecem vivas na nossa sociedade, seja na desvalorização do trabalho braçal, considerado como algo penoso e depreciativo – o objetivo na vida é enriquecer para nunca mais trabalhar e viver do trabalho dos outros –, seja no racismo presente de muitas formas no nosso cotidiano, desde convenções sociais, como a divisão de elevadores de serviço e social, à violência policial contra os mais pobres, sobretudo negros. Também é possível perceber a olho nu uma segregação urbana, concentrando os melhores serviços nos bairros centrais e mais ricos e confinando a população mais pobre nas periferias, muitas vezes carentes de infraestrutura e serviços. Essas constatações nos permitem concluir que a divisão do trabalho se refletiu também na construção do espaço urbano.

## Lutas indígenas

A história do Brasil foi (e continua sendo) marcada por profundas desigualdades, que são mantidas por meio de sistemas de dominação que se atualizam. Basta pensar na questão do latifúndio, por exemplo. No período colonial, a concentração de vastas extensões de terras nas mãos de poucas pessoas era justificada como expressão da vontade do rei; na atualidade, é defendida como a tábua de salvação da economia brasileira, explicação que não se sustenta, como veremos.

Mas esse sistema de dominação nunca foi aceito com naturalidade. Por isso a história do país também é pontilhada pelas lutas populares em defesa da justiça social.

No caso dos povos indígenas podemos citar as revoltas dos Tupinambás na Bahia (1549) e no Planalto Paulista (1562); dos Goytacaz, no Rio de Janeiro (1534); dos Tabajara, em Pernambuco (1547); dos Tamoio (1567), no Rio de Janeiro, em Santos e em São Vicente; dos Tupiniquim (1557) e dos Aimoré (1568), na Bahia; dos Potiguara, na Paraíba e no Rio Grande do Norte, entre as décadas de 1580 e 1590; além das Guerras Guaraníticas (1753-1756), no Sul, na região antes pertencente à Espanha. Além disso, muitos indígenas deixaram o litoral em direção ao interior do país como forma de sobreviver às investidas dos bandeirantes, sertanistas que capturavam escravizados fugitivos em troca de recompensas e indígenas para escravizar.

Apesar dessas lutas, o impacto do colonialismo português sobre os povos indígenas do nosso território foi colossal. Segundo o censo do Instituto Brasileiro de Geografia e Estatística (IBGE, 2022) há 1,7 milhão de brasileiros autodeclarados indígenas. Isso corresponde a 0,8% da população total do país. A maior parte dos indígenas está concentrada na Região Norte. O Amazonas, por exemplo, tem 490,9 mil indígenas, ou 29% do total. Atualmente são 779 áreas de terras indígenas – incluindo aquelas tradicionalmente ocupadas, as terras dominiais (reconhecidas como propriedade das comunidades indígenas) e as reservas – ocupando apenas 13,9% das terras do país. Outras 123 áreas ainda estão em processo de homologação, ou seja, de reconhecimento judicial.

De acordo com o MapBiomas, um sistema de informações sobre desmatamento captadas por satélites e mantido por diversas instituições, como Instituto Brasileiro do Meio Ambiente e dos Recursos Naturais Renováveis (Ibama), Instituto Nacional de Pesquisas Espaciais (Inpe) e Universidade de Maryland, nos Estados Unidos, as terras indígenas são aquelas mais preservadas no país, com menor desmatamento e perda de floresta em 35 anos.

## Negros contra a escravidão

Com relação às populações africanas escravizadas, muitas formas de lutas também foram desenvolvidas. As mais comuns foram as fugas de escravizados, que escapavam das grandes fazendas e se refugiavam em quilombos, pequenas ou médias comunidades agrícolas e clandestinas, que se formavam em lugares de difícil acesso, longe das fazendas. Há notícias de quilombos que, nos últimos tempos da escravidão no Brasil, se organizaram nas periferias das maiores cidades.

De modo geral, os povos dos quilombos se dedicavam à agricultura, cultivando cereais, tubérculos e frutas, praticavam a caça e a pesca, criavam animais de pequeno e médio portes. Porém, sob constante ameaça dos bandeirantes e dos caçadores de fugitivos, os quilombos tinham uma vida material precária, e os habitantes estavam sempre preparados para abandonar suas hortas e aldeias, já que a liberdade era mais preciosa do que a terra que ocupavam.

Há casos excepcionais, como o Quilombo dos Palmares, que existiu entre 1630 e 1694, na Serra da Barriga, no atual território de Alagoas. Como uma confederação de "mocambos" (pequenas aldeias no seu entorno), há indícios de que tenha reunido cerca de 30 mil pessoas, entre negros fugitivos, indígenas, mestiços, brancos pobres e foras da lei. Esse quilombo tinha uma organização política e militar própria, com uma liderança reconhecida por conselheiros e homens preparados para lutar pela defesa daquele espaço.

Pesquisas recentes mostram que Palmares mantinha relações comerciais com povoados e pequenas propriedades da vizinhança, além de outros quilombos, negociando alimentos e artesanato em fibras, cerâmica e madeira.

Após algumas tentativas, Palmares foi destruído por uma expedição liderada pelo bandeirante Domingos Jorge Velho, que conseguiu assassinar o chefe Zumbi, em 1695. A cabeça do líder quilombola foi levada para Recife para ser exposta na praça como um aviso aos escravizados. Segundo o IBGE, atualmente, mais de 167 mil pessoas são descendentes das comunidades quilombolas.

## A terra como mercadoria

Se a chegada dos portugueses impôs a ideia de propriedade da terra a um único dono, que era o rei de Portugal, com a primeira Lei de Terras (1850), decretada no reinado de Dom Pedro II, a terra se tornou também mercadoria.

Até aquela data predominava o princípio do "*uti possidetis*": *grosso modo*, a terra pertencia àquele que nela produzisse.

Com a Lei de Terras, a propriedade agrária ficou condicionada à compra, o que excluiu a maior parte da população brasileira da época, quase toda formada por homens livres e negros libertos muito pobres, além de centenas de milhares de pessoas escravizadas.

Por outro lado, os mais ricos puderam se apossar de extensões de terras cada vez maiores, ainda que não cultivassem nada nelas. Com isso, os fazendeiros não apenas regularizaram suas terras, como também compraram aquelas ocupadas por caboclos, indígenas e quilombolas, que nelas produziam para a subsistência e o mercado local. Na maioria dos casos, os posseiros (que tinham a posse para uso, mas não a propriedade) foram expulsos com violência, inclusive com ocorrências de assassinatos.

Data dessa época a expressão "grileiros", referência ao sujeito que falsifica documentos para comprovar a propriedade de uma fazenda que não lhe pertence. A expressão vem da artimanha de arquivar documentos falsos juntamente com grilos, insetos que liberam uma substância capaz de amarelecer papéis, dando a eles uma aparência de envelhecidos. De modo geral, esses documentos forjados atestavam a propriedade de terras, legitimando a sua negociação ou incorporação ao patrimônio.

Além disso, a Lei de Terras também vislumbrou um aspecto social e político: numa época em que a falsa ciência chamada eugenia defendia que os povos de pele mais clara eram superiores, em todos os aspectos, o governo passou a incentivar a vinda de imigrantes europeus para "branquear" a população. Essa lei previa a venda de terras e a naturalização dos novos estrangeiros, colocando-os sob o controle do Estado. Ocorre que a grande maioria dos imigrantes que vieram para o Brasil naquela época fugia de guerras, desemprego, perseguições e outros problemas; portanto, poucos deles tinham recursos para adquirir terras. Resultado: foram trabalhar em grandes fazendas ou desbravar precariamente áreas ainda não exploradas, enfrentando todos os tipos de dificuldades. Os latifundiários foram os que mais ganharam com a Lei de Terras, pois receberam mão de obra experiente e barata.

## A abolição incompleta

Assim como aconteceu nos tempos coloniais, o Brasil independente e monárquico era sustentado pelo trabalho escravo, sobretudo nas grandes lavouras. De acordo com o censo de 1872, o país tinha mais de 1,5 milhão de negros, a maioria de escravizados.

Essa forte presença de cativos causava temor nas elites da época, que receavam ocorrer aqui uma revolta semelhante àquela que houve na Haiti, em 1804, que rapidamente se transformou numa revolução política, a qual tirou as elites brancas do poder e instituiu a primeira república do Novo Mundo, liderada por ex-escravizados negros. Por isso a elite imperial discutia, lentamente, como substituir o trabalho escravo e ao mesmo tempo "embranquecer" o país.

O abolicionismo vinha sendo discutido no Brasil, ainda que moderadamente, desde o fim dos anos de 1700. No século seguinte, algumas lideranças das elites já reconheciam a abolição como inevitável e passaram a se preocupar em como fazê-la sem promover um terremoto social e econômico.

Vivendo a sua Revolução Industrial, os ingleses desejavam manter a mão de obra na África para extrair matérias-primas e ter trabalhadores assalariados no mundo inteiro para que consumissem tudo o que suas fábricas produziam. Então, passaram a pressionar os traficantes e os governos escravistas, política internacional que afetou o Brasil.

Os interesses de boa parte da elite brasileira explicam a demora no processo de abolição do trabalho escravo no país. Nos acordos comerciais firmados entre Portugal e Inglaterra, em 1810, já existiam recomendações sobre o fim do tráfico negreiro. Após a independência, essas recomendações foram ratificadas em 1824, nos acordos firmados pelo Império Brasileiro com os ingleses. Em 1834 a Lei Feijó proibiu a entrada de negros escravizados, mas se tornou "letra morta" – expressão usada para fazer referência a uma norma escrita não respeitada – por causa das demandas dos grandes fazendeiros. Onze anos depois, mediante o Decreto Aberdeen, o Parlamento inglês declarou guerra, literalmente, aos traficantes da população africana: a poderosa marinha inglesa estava autorizada a perseguir navios negreiros, libertar os cativos e mandá-los de volta para a África, prender a tripulação, levar o comandante a julgamento e incorporar a embarcação à sua frota.

Sem conseguir trazer africanos legalmente para o país, o governo brasileiro proibiu o tráfico com a Lei Eusébio de Queiroz, de 1850. No ano de 1871, a Lei do Ventre Livre libertou os filhos de mães escravizadas. Em 1885, pessoas escravizadas com mais de 65 anos foram alforriadas pela Lei do Sexagenário. Finalmente, em 1888, a Lei Áurea, assinada pela Princesa Isabel, com um único artigo, pôs fim ao trabalho cativo no Brasil.

O movimento abolicionista foi o maior movimento cívico e de massas da história do Brasil, pois mobilizou pessoas de diferentes extratos sociais, desde modestos trabalhadores urbanos e rurais, donas de casa, soldados, professores, médicos, advogados, empresários e até mesmo alguns dos grandes proprietários de terras do Sudeste, que preferiam a mão de obra dos imigrantes. Somam-se a isso as duras críticas publicadas na imprensa e as fugas de escravizados apoiadas por jovens abolicionistas e tem-se um quadro de situações que tornaram o escravismo cada vez mais insustentável.

É preciso reconhecer a importância da Lei Áurea. Em um país com forte mentalidade escravista, a tal ponto de alguns defenderem a manutenção do escravismo pelo menos até 1900, essa lei extinguiu o trabalho cativo.

Entretanto, a Lei Áurea não incluiu o negro na sociedade, pois não ofereceu terras, instrução ou qualquer outro instrumento capaz de inseri-lo no modelo capitalista em construção no país. O resultado foi o que percebemos até hoje: preconceito e marginalização.

## Chance de justiça social

Um dos primeiros personagens a defender a ideia de que a abolição deveria ser acompanhada pelo acesso dos libertados à terra foi o engenheiro André Rebouças. Fundador da Sociedade Brasileira contra a Escravidão e participante da Confederação Abolicionista, Rebouças lutou contra a escravidão e o latifúndio. Em seu diário, escreveu:

> Foi a Abolição a primeira emoção que o Brasil deu ao mundo [...]. Agora nós vamos fazer despontar na Nacionalidade Brasileira um outro remorso. O remorso do latifúndio – o remorso do monopólio territorial –, o remorso de deixar milhões e milhões de Brasileiros sem uma nesga de terra para nele fincar os postes de uma choupana – o remorso de trancar o mais belo continente, que Deus há criado, às mais nobres e ativas raças do Velho Mundo (Rebouças, 1938).

Ainda nos seus diários, previa o surgimento da democracia no campo:

> Quando eu morrer, dirão: foi o maior inimigo dos fazendeiros – epitáfio que me agrada muito pela novidade porque nunca ninguém o teve no Brasil e, por hora, ainda ninguém quer ter. Mas a herança aí fica e verá que aparecerão logo muitos apóstolos para a Democracia Rural Brasileira. Quanto a mim, desejo apresentar-me ao juiz supremo, dizendo: "trabalhei o quanto pude para extirpar do mundo o monopólio da terra e a escravização dos homens" (Rebouças, 1938).

A história do Brasil e o nosso presente poderiam ter sido muito diferentes caso a sociedade brasileira tivesse aproveitado as oportunidades e escolhido caminhos que levassem à justiça social.

Os escravizados conquistaram a liberdade e a dignidade de não serem mais tratados como "coisas" que pertencem a alguém. Mas isso não foi suficiente para reparar 400 anos de trabalhos forçados e mentalidade senhorial. Recentemente, veio a público uma carta escrita pela Princesa Isabel ao Visconde de Santa Vitória em que ela buscava doações com o nobre banqueiro para indenizar cativos libertos: "Com os fundos doados pelo Senhor teremos oportunidade de colocar estes ex-escravos, agora livres, em terras suas próprias trabalhando na agricultura e na pecuária e delas tirando seus próprios proventos".

Essa ideia de ajuda financeira foi rejeitada, e o país perdeu uma chance de ajudar os libertados e seus descendentes a terem a sua própria terra para prover o seu sustento. E para agravar ainda mais a situação, muitos proprietários esperavam ser indenizados pelo governo por terem libertado os cativos, estimados em cerca de 600 mil indivíduos. Como a monarquia nem mesmo tinha recursos para pagá-los, esses escravistas passaram para a oposição ao regime e se declararam republicanos.

Foi nesse momento da história que o Brasil perdeu uma grande chance de promover a igualdade social, incluindo ex-escravizados e pessoas que eram livres de nascimento, mas que não tinham recursos para adquirir terras.

Era o caso de se inspirar na experiência dos Estados Unidos e do Homestead Act, promulgada pelo presidente americano Abraham Lincoln em 1862. Por essa lei, qualquer adulto poderia reivindicar as terras devolutas, com no máximo 160 acres (menos de 65 hectares), desde que morasse e trabalhasse nela por pelo menos 5 anos. Não havia burocracia para reivindicar a terra. Bastava cercá-la e se estabelecer nela. Essa lei foi, na prática, a Reforma Agrária estadunidense e estimulou que milhares de pessoas se dirigissem ao Oeste do país. Até 1934, mais de 1,6 milhão de famílias acessaram terras por essa lei, ocupando mais de 270 milhões de acres ou 10% de todas as terras dos Estados Unidos.

Para o sociólogo e historiador Clóvis Moura, no Brasil, a transição para o trabalho livre controlada pelas elites dominantes foi propositalmente gradual para redirecionar os investimentos no tráfico de pessoas para a construção de uma infraestrutura necessária ao desenvolvimento das "modernas" relações capitalistas e tornar os escravizados necessariamente um "exército industrial de reserva", a massa sobrante de pessoas que disputaria os empregos, mantendo os salários baixos pela concorrência. "Fizemos a Independência conservando a escravidão e fizemos Abolição conservando o latifúndio", sentenciou Moura.

## SAIBA+

- *Uma história de amor e fúria* (Brasil, 2013, direção de Luiz Bolognesi).

Animação brasileira de ficção científica, mas que retrata a resistência dos tupinambás, a Balaiada no Maranhão, a Ditadura empresarial-militar e uma guerra por água no futuro do país.

- *12 anos de escravidão* (EUA, 2014, direção de Steve McQueen).

Baseado numa história real ocorrida nos Estados Unidos no século XIX sobre um homem negro e livre que é escravizado, o filme demonstra as condições de vida dos escravizados no plantio das monoculturas do sul da América.

- *Doutor Gama* (Brasil, 2021, direção de Jeferson De).

Biografia cinematográfica de Luiz Gama, advogado e jornalista negro, responsável pela defesa e libertação de centenas de escravizados e líder abolicionista brasileiro.

- Site: *Brasil 500 anos*:

https://brasil500anos.ibge.gov.br/

# Coronelismo, enxada e voto[1]

## O golpe e os "coronéis"

A Proclamação da República no Brasil, em 1889, deu-se por meio de um golpe militar que mudou o regime de governo, mas manteve a propriedade da terra fortemente concentrada nas mãos dos grandes fazendeiros. Também nas práticas agrícolas não aconteceram mudanças importantes, pois permaneceram os latifúndios monocultores, sem inovações tecnológicas, e com a maior parte da produção destinada ao mercado externo.

Durante muito tempo, o poder dos grandes fazendeiros se apoiou não apenas na aliança com a Coroa, mas também na força armada da Guarda Nacional. Conhecida como "tropa cidadã", essa força armada foi criada em 1831 para combater rebeliões e resgatar escravizados fugitivos. Em uma época em que o Brasil ainda não tinha um Exército, essa força provinciana era patrocinada e comandada pelos grandes proprietários rurais, que, por essas razões, passaram a ser conhecidos pelo título honorário de "coronéis".

A Guarda Nacional perdeu prestígio com a ascensão do Exército após a Guerra do Paraguai (1864-1870), até ser extinta em 1922. Contudo, os fazendeiros permaneceram conhecidos como "coronéis" e a substituíram por milícias particulares, de tal forma que continuaram no controle do poder econômico e ainda conta-

---

1. Pequena homenagem ao sociólogo Victor Nunes Leal, autor de obra homônima que é referência para os estudos da força política dos grandes fazendeiros na virada do século XIX para o XX.

vam com um dispositivo para reprimir aqueles que se opunham aos seus interesses. Isso aconteceu porque a transição da monarquia para a república não acarretou mudanças profundas, tampouco incluiu a participação popular. Ao contrário, o povo estava tão distante dos acontecimentos que, segundo um cronista da época, aplaudiu os militares quando eles se dirigiam ao palácio para depor D. Pedro II, imaginando que era um desfile.

Com relação aos partidos políticos, é certo afirmar que ganharam maior importância com a república, como aconteceu com o Partido Republicano e o Federalista, ambos contando com notável presença de representantes dos latifundiários. Mas esse aparente avanço também tinha limites. A primeira Constituição republicana, promulgada em 1891, aboliu o voto censitário (exclusivo para quem tinha certa renda anual), mas impôs o voto masculino, para brasileiros natos ou naturalizados, maiores de 21 anos e alfabetizados. As mulheres somente poderiam votar se tivessem o ensino superior, condição muito rara no Brasil daquela época.

Dadas essas restrições, a quantidade de eleitores era muito pequena. Para comprovar isso, basta lembrar que na primeira eleição direta para a Presidência da República o Brasil tinha cerca de 15 milhões de habitantes e pouco mais de 356 mil foram às urnas. Como se não bastasse esse caráter excludente, as eleições eram fraudadas e controladas por "coronéis".

O voto não era secreto e a lista de eleitores permitia identificar em quais candidatos eles tinham votado. Graças a isso, os "coronéis" direcionavam a votação de acordo com seus interesses, conduzindo a vontade dos cidadãos. Essa pressão sobre os eleitores resultava no voto de cabresto, e as áreas influenciadas pelos "coronéis" constituíam os currais eleitorais.

"Coronéis" de diferentes municípios firmavam alianças e controlavam a política do Estado, manobra conhecida como Política dos Governadores. Ampliando essa prática, os mais influentes fazendeiros de São Paulo e Minas Gerais articularam a escolha de presidentes da República que atendiam aos seus interesses. Eles montaram a engrenagem denominada Política do Café com Leite, que predominou no Brasil entre 1894 e 1930, período conhecido como República Velha.

Dessa forma, a função do governo e do Estado era garantir os privilégios e interesses desses grandes fazendeiros, direcionando os recursos do país para cobrir seus prejuízos e facilitar seus empreendimentos.

## O "ouro verde" e seus problemas

Planta originária da Etiópia, região da África, o café chegou ao Brasil no século XVIII e se adaptou muito bem ao clima temperado e ao solo de terra vermelha, rica em ferro, típicos do Sudeste brasileiro. Por causa do sabor e da propriedade estimulante, nos anos de 1800 a bebida já havia se tornado hábito alimentar, e os grãos passaram a ser exportados.

A partir de 1850, o café era a grande produção monocultora do país, atendendo ao mercado internacional, sobretudo a Europa e os Estados Unidos. Nesses lugares havia uma demanda pela bebida, que era capaz de contribuir para a produtividade e diminuir a sensação de cansaço dos trabalhadores nas fábricas e no campo. Para agilizar a exportação, ainda no fim daquele século, o Sudeste brasileiro conheceu melhorias, como telégrafo, estradas de ferro e portos modernos. Nessa época, o café, também chamado de "ouro verde", chegou a responder por mais de 70% do valor das exportações do país.

No campo, o trabalho escravo foi sendo substituído por outras formas, como o morador agregado, parceiro, rendeiro, peonagem – de acordo com cada região. De maneira geral, o trabalhador recebia autorização para morar na fazenda, mas deveria trabalhar e entregar parte da sua produção ao fazendeiro. Os imigrantes europeus que vieram para trabalhar nas lavouras, especialmente de café, teoricamente receberiam um salário proporcional ao seu trabalho ou área cultivada. Mas, na prática, eram submetidos a descontos referentes aos custos da passagem, da aquisição de produtos no empório da fazenda (por preços muito mais altos do que o comum) e assim contraíam dívidas quase impagáveis, que absorviam grande parte dos salários.

A situação vivida pelos imigrantes camponeses era terrível. Eles padeciam com o clima tropical, a falta de condições sanitárias, as diferenças nos costumes e o excesso de trabalho, entre outros problemas. Por essas razões, ocorreram muitos conflitos em fazendas. Na região de Limeira, interior de São Paulo, em 1867, os colonos europeus da fazenda Ibicaba, de propriedade do senador do império Nicolau de Campos Vergueiro, se revoltaram contra as péssimas condições de vida e trabalho. Um professor que dava aulas naquela fazenda, Thomas Davatz, registrou que "[...] os colonos não passam de pobres coitados, miseravelmente espoliados, como perfeitos escravos" (Davatz, 1980, p. 34).

Denúncias levaram os governos estrangeiros a exigirem providências do Império do Brasil, o que estremeceu as relações diplomáticas.

## Líderes beatos

Com a república, o campo conheceu outras tensões, desde greves até lutas armadas incitadas por movimentos messiânicos.

O messianismo ocorre quando se instala um problema político, social ou econômico complexo numa sociedade e um ou mais indivíduos que se autodeclaram portadores de mensagens divinas – e especialmente escolhidos para apontar soluções – assumem a condução de um movimento social. A história registra diversos movimentos messiânicos em diferentes épocas e lugares.

No Brasil, o messianismo apresenta duas características marcantes: uma forte ligação com as lutas populares pela terra e a liderança de beatos. Os beatos são indivíduos que conhecem a tradição religiosa, como rituais, preces e textos sagrados, mas não são sacerdotes regulares. Em geral, a figura do beato tem força onde o clero regular não está presente.

O mais conhecido movimento messiânico no Brasil foi a Guerra de Canudos, no interior da Bahia, entre 1893 e 1897, quando despossuídos se estabeleceram em uma fazenda abandonada e ali formaram o Arraial de Belo Monte.

Liderada pelo beato Antônio Vicente Mendes Maciel, apelidado "Conselheiro", a comunidade se organizou de forma colaborativa, com mutirões e garantia de alimentação para todos, rígidas regras morais e ampla inclusão de todos aqueles que aceitassem essas normas. Por isso em pouco tempo o povoado atraiu cerca de 30 mil sertanejos. Em suas mensagens aos seguidores, "Conselheiro" prometia uma vida de fraternidade e a salvação da alma, além de criticar a República, acusada de escravizar as pessoas por meio de impostos.

O Estado não tolerava a rejeição aos impostos; a Igreja não aceitava a liderança espiritual de "Conselheiro", que cada vez ganhava mais seguidores; e os latifundiários não queriam perder mão de obra abundante e barata para Belo Monte. Por essas razões, "Conselheiro" passou a ser visto como um inimigo da lei e da ordem; e o povoado como uma experiência a ser anulada.

A polícia baiana e o Exército enviaram expedições para prender o líder comunitário e expulsar os ocupantes da terra. Porém aquela gente que conheceu uma vida digna não estava disposta a abrir mão do que tinha construído, e o que se seguiu foi uma guerra que deixou 25 mil sertanejos mortos, e o arraial invadido e incendiado.

Para que essa luta fosse definitivamente apagada da memória dos brasileiros, em 1969 o terreno do arraial foi inundado para dar lugar a uma barragem e esconder suas ruínas. Entretanto, a tragédia de Canudos permanece viva porque o jornalista Euclides da Cunha, que acompanhou a ação militar contra o povoado como correspondente de guerra do jornal *O Estado de S. Paulo*, transformou os seus apontamentos no livro *Os sertões*, publicado em 1902 e considerado um marco da literatura brasileira.

Outra revolta com características semelhantes ficou conhecida como Guerra do Contestado, na fronteira de Santa Catarina com o Paraná, entre 1912 e 1915.

Naquela região, milhares de sertanejos viviam da exploração da madeira e erva-mate e se viram ameaçados pelo plano de construção de uma ferrovia que cortaria aquelas terras para ligar São Paulo ao Rio Grande do Sul. Além de uma soma em dinheiro, a empresa contratada, a Brazil Railway Company, do empresário estadunidense Percival Farquhar, receberia terras ao longo da estrada.

Liderados pelos beatos João e José Maria, que profetizavam a vitória final dos justos e um lugar no Reino dos Céus para seus seguidores, os sertanejos pegaram em armas e lutaram contra seguranças da companhia, tropas do Exército e "vaqueanos", milicianos a serviço dos latifundiários da região. O resultado foi a derrota dos "pelados", como eram chamados os rebeldes, com mais de 15 mil mortes.

No Ceará, em 1889, o Padre Cícero Romão Batista teria protagonizado um "milagre", que passou a atrair milhares de sertanejos para a cidade de Juazeiro do Norte em busca das bênçãos do sacerdote milagroso. As levas de imigrantes e peregrinos incentivaram o comércio e a agricultura do local, e os grandes fazendeiros encontraram entre os seguidores de Padre Cícero uma mão de obra abundante e disciplinada.

Porém, cansado da exploração, em 1926, um grupo liderado pelo beato José Lourenço ocupou o Sítio Caldeirão e ali organizou uma comunidade fundamentada no espírito de cooperação. A terra árida passou a produzir alimentos e atraiu muitos sertanejos, interessados numa vida material melhor e na religiosidade do lugar.

Para alguns dirigentes políticos da época, aquele agrupamento lembrava muito o ocorrido em Canudos, e as ideias circulantes faziam pensar no socialismo utópico criado na Europa no século anterior. Por essas razões, em 1936, o Exército e a aviação militar atacaram os sertanejos, resultando em mais de mil mortes.

Em Canudos, os fazendeiros apoiaram a repressão porque Belo Monte estava atraindo mão de obra sertaneja; no Contestado, porque interessava a eles a parceria com a empresa ferroviária e as madeireiras que pretendiam se instalar na região; no Caldeirão, porque temiam o alastramento daquelas práticas econômicas e sociais solidárias. Ou seja, agiram para que a terra não fosse de todos nem para todos e para que persistissem as diferenças sociais.

**Percival Farquhar (1865-1953): empresário estadunidense, lucrou muito com os negócios de ferrovias no Brasil e chegou a arrendar parte do atual Estado do Acre para extração do látex. Suas iniciativas rejeitavam qualquer ideia de justiça social.**
**Fonte: https://commons.wikimedia.org/wiki/File:Percival_Farquhar.jpg**

**SAIBA +**

• A Guerra de Canudos resultou em dois clássicos da literatura: *Os sertões*, de Euclides da Cunha, enviado para o cenário do conflito como correspondente de imprensa; e *A guerra do fim do mundo*, uma versão ficcionalizada dos eventos escrita pelo colombiano Mario Vargas Llosa, Prêmio Nobel de Literatura.

• Ainda sobre Canudos, há um filme ficcional, *Guerra de Canudos* (Brasil, 1997, direção de Sérgio Rezende), e muitos documentários, entre eles destacamos *Sobreviventes – filhos da Guerra de Canudos* (Brasil, 2004, direção de Paulo Fontenelle).

• Sobre a Guerra do Contestado há também um filme ficcional, *A Guerra dos Pelados* (Brasil, 1975, direção de Sylvio Back), e um documentário da TV Brasil, *Caminhos da reportagem – Contestado* (Brasil, 2014, direção de Isabelle Gomes).

## Revoltas militares

Muito dependente das exportações de café, a República controlada pelos latifundiários começou a fraquejar quando a Primeira Guerra Mundial (1914-1918) dificultou o comércio marítimo e a crise econômica da década de 1920 provocou a retração dos mercados na Europa e nos Estados Unidos.

Nesse contexto, ocorreram no Brasil importantes manifestações militares, denominadas tenentismo.

A jovem oficialidade do Exército, conhecida como "tenentes", de origem urbana, discordava do predomínio político dos grandes proprietários rurais. Por isso se manifestaram contra os governos controlados por eles. Em 1922, no Rio de Janeiro, em 1923, no Rio Grande do Sul e em 1924, em São Paulo, os "tenentes" pegaram em armas contra os governantes. Foram duramente reprimidos.

Parte dos rebeldes gaúchos e paulistas se juntaram para formar a Coluna Prestes, uma tropa de 1,5 mil cavaleiros que percorreu o interior do Brasil denunciando a corrupção política, o atraso tecnológico, o estado de abandono dos pequenos proprietários rurais e os riscos da monoexportação. Tanto na ideologia quanto no modo de agir, a Coluna carregava forte influência da Revolução Bolchevique na Rússia, que implantou o socialismo naquele país e na vizinhança e forçou a Reforma Agrária. Perseguidos, os rebeldes se refugiaram na Bolívia em 1925.

Um dos líderes da Coluna, Luiz Carlos Prestes, o "Cavaleiro da Esperança", ainda participou de outro movimento de oposição, a Intentona Comunista (1935), e ingressou na vida política pelo Partido Comunista Brasileiro, o PCB.

## Modernização conservadora

O capitalismo requer que todo produto seja mercadoria. Por isso, quando a produção supera as necessidades do mercado, se estabelece uma crise.

Foi o que ocorreu na década de 1920, explodindo em 1929, com o colapso da Bolsa de Valores de Nova York, resultando em falência e desemprego nos Estados Unidos e na Europa. Na Alemanha, por exemplo, um em cada quatro trabalhadores perdeu seu posto de trabalho.

A repercussão dessa crise no centro do capitalismo mundial se expandiu por todo o Ocidente e atingiu o Brasil com o declínio nas exportações de café. A reação não tardou.

Deparando-se com problemas econômicos, denúncias de corrupção na política, constatação do atraso tecnológico e pressão de banqueiros e industriais contrários aos privilégios dos grandes fazendeiros, as oposições articularam um golpe militar desfechado em outubro de 1930. O último presidente eleito com o aval dos grandes fazendeiros de São Paulo e Minas Gerais, Washington Luís, foi deposto pelos "tenentes", e o gaúcho Getúlio Vargas içado à presidência.

Vargas chegou ao poder à frente da Aliança Liberal, um aglomerado bastante heterogêneo de forças políticas. Constituíam esse bloco forças muito opostas, como o PCB, de clara orientação política revolucionária russa, e o Partido Democrático, o PD, representante da elite intelectual conservadora de São Paulo, além de industriais e fazendeiros, sendo estes últimos principalmente do Sul e do Nordeste, fora do tradicional eixo político São Paulo-Minas Gerais. A Aliança Liberal trouxe de volta a expectativa da retomada da discussão sobre a Reforma Agrária no país, mas a presença de latifundiários em torno do presidente emperrou essa possibilidade.

Com Vargas, os latifundiários ficaram numa posição secundária, mas ainda poderosa. Os banqueiros e industriais foram beneficiados pela nova política do Estado, que favoreceu suas demandas, e os trabalhadores urbanos (sobretudo os operários) alcançaram melhores condições e conquistaram alguma força política por meio dos sindicatos. Porém os camponeses continuaram excluídos da terra e dos direitos fundamentais, como os benefícios da aposentadoria.

Levado à presidência pelo tenentismo, Getúlio Vargas governou o Brasil de 1930 a 1945. Depois, mediante o voto secreto e a vontade popular, ocupou novamente a presidência de 1951 a 1954.

Nessa última fase, Vargas pôs em prática a política do nacionalismo econômico, que consistia em levar o Estado brasileiro a controlar os setores estratégicos da economia, como a produção de combustíveis. Essa política entrou em rota de colisão com o liberalismo econômico que se estabelecera no Ocidente, sobretudo após o fim da Segunda Guerra Mundial, em 1945. Por essa razão, pressionado por forças internas e externas, Getúlio Vargas se suicidou em 1954, após criar a Petrobras, que nacionalizou a exploração e o refinamento do petróleo no Brasil.

## Novas lutas

Apesar da modernização verificada em muitos setores, a agricultura permaneceu organizada em torno do latifúndio, da exportação e da monocultura, ainda que o mercado interno tenha sido fortalecido para alimentar as novas massas urbanas. Por isso a tensão social no campo continuou e se manifestou em outras formas de luta, inclusive com levantes armados. Dois desses conflitos se deram no contexto da Marcha para o Oeste, ocorrida entre as décadas de 1940 e 1950, quando o governo de Getúlio Vargas tomou a iniciativa de promover o mapeamento e a colonização do Centro-Oeste brasileiro.

No norte do Paraná, em Porecatu, posseiros haviam ocupado terras cedidas pelo Governo Federal, onde cultivavam alimentos e criavam animais de pequeno porte. Eles não eram invasores e aguardavam os registros de propriedade. Porém as terras foram valorizadas e se estabeleceu um choque de interesses entre os grandes fazendeiros e os posseiros. Em 1948 se iniciaram os confrontos armados, que se estenderam até 1951, com a derrota dos posseiros. Vencidas, centenas de famílias tiveram que deixar a região e ficaram sem terras para tirar seu sustento.

Com o propósito de incentivar a ocupação de Goiás, o Governo Federal criou as Colônias Agrícolas Nacionais de Goiás, as Cangs, que conheceram certa prosperidade, mas não foram capazes de absorver milhares de migrantes vindos do Nordeste. Esse excedente foi deslocado para o Meio-Norte, região de Trombas e Formoso.

A construção de uma rodovia valorizou aquelas terras, despertando a ambição de fazendeiros, que passaram a pressionar os novos ocupantes do lugar. Em 1954 ocorreu o primeiro choque armado entre os posseiros, de um lado, e os jagunços e policiais, de outro.

Com a vitória dos primeiros, seguiu-se um período de trégua e de acordos, inclusive com a eleição de um posseiro, José Porfírio, para deputado estadual pelo Partido Trabalhista Brasileiro, o PTB.

## Outras oportunidades perdidas

Nos tempos do império e nas primeiras décadas da república, o Brasil viveu momentos oportunos para promover a Reforma Agrária, mas não o fez porque os grandes fazendeiros interferiam muito na política.

Outra chance se apresentou com o fim da Segunda Guerra (1939-1945). Tendo lutado ao lado dos países democráticos e se aproximado bastante dos Estados Unidos, o país pôs fim à Ditadura do Estado Novo (1937-1945) chefiada por Vargas e assim surgiu a expectativa de mais mudanças políticas internas. Foi nesse ambiente que, em 1946, ocorreu a convocação de uma assembleia constituinte para a elaboração de um novo e mais liberal código de leis. Entre os deputados eleitos estava Luiz Carlos Prestes, do PCB, primeiro proponente de uma lei da Reforma Agrária.

A proposta que Prestes e outros candidatos progressistas apresentaram se baseava no conceito de função social da terra, segundo o qual o direito de propriedade deveria estar condicionado ao bom uso da terra e ao bem-estar social. Isto é, a terra deveria ser entregue para quem a fizesse produzir em benefício da sociedade. Além disso, a lei propunha que as terras devolutas deveriam ser entregues aos camponeses gratuitamente.

Mas eram os primeiros anos da Guerra Fria, a contenda ideológica entre os blocos de países capitalistas, liderados pelos Estados Unidos, e socialistas, liderados pela União Soviética, que disputavam áreas de influência, impactou inúmeros países de todos os continentes. Na América se estabeleceu uma onda anticomunista tutelada pelos Estados Unidos. Aliado dos norte-americanos, o governo brasileiro, liderado pelo Marechal Eurico Gaspar Dutra, perseguiu o PCB, cassou o seu registro e os mandatos de todos os seus parlamentares democraticamente eleitos. Com isso, o projeto de lei para a Reforma Agrária não prosperou.

Uma nova oportunidade surgiu com a política desenvolvimentista que marcou o governo de Juscelino Kubitschek, JK. Sua proposta era acelerar a industrialização, integrar o território e promover o desenvolvimento do país ao longo do seu mandato, que se estendeu de 1956 a 1960, modernizando em apenas 5 anos o que não tinha sido feito nos últimos 50.

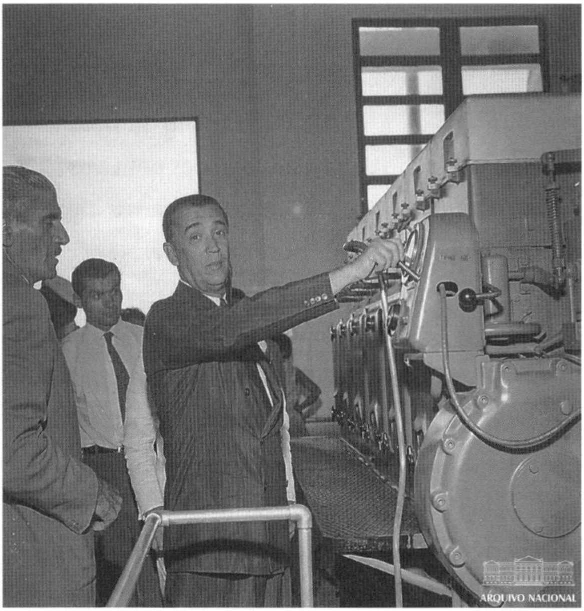


**Juscelino Kubitschek (1902-1976): seu projeto desenvolvimentista, conhecido como "50 anos em 5", trouxe um importante sentimento de otimismo aos brasileiros e a ideia de planejamento na administração pública, mas não alterou a estrutura fundiária do país, favoreceu a expansão predatória da agropecuária e se caracterizou pela corrupção.**
**Fonte: Arquivo Nacional Brasil. https://commons.wikimedia.org/wiki Fle: Presidente_Juscelino_Kubitschek.jpg**

Porém, mais uma vez a oportunidade de promover a justiça social no campo foi perdida, pois o desenvolvimentismo não contemplou a Reforma Agrária e foi patrocinado por uma grande emissão de dinheiro e afluxo de capitais e tecnologias estrangeiras.

A meta de modernização do país foi atingida com êxito, mas as estratégias trouxeram graves problemas, como inflação, crescimento da dívida externa, corrupção e aumento da concentração de terras nas mãos de poucos. O latifúndio se fortaleceu porque o modelo de desenvolvimento pensado para o Brasil se fundamentava na expansão das fronteiras agrícolas e na exportação do que era produzido, com degradação do meio ambiente, exploração dos trabalhadores rurais e alimentos com preço alto na mesa dos brasileiros.

## A Reforma Agrária em questão

Entre o fim dos anos de 1950 e o início da década seguinte a questão agrária estava no centro dos debates políticos e intelectuais do país, pois se discutia se era possível um país sair do subdesenvolvimento sem alterar a sua estrutura fundiária.

Entre os intelectuais desse período destacam-se inúmeros ligados ao PCB, como Nélson Werneck Sodré, defensor de uma Reforma Agrária radical, e Alberto Passos Guimarães, que advogava a presença do Estado na realização dessa política e criticava a herança do latifúndio em nossa formação. Ambos identificavam a permanência de traços feudais no campo. Já Caio Prado Júnior, ao contrário dos seus contemporâneos, apontava a presença de características capitalistas na agricultura brasileira, o que indicava a necessidade de organizar os trabalhadores rurais assalariados.

Outro nome que ganhou relevância internacional nesse debate foi o médico e geógrafo pernambucano Josué de Castro. Na obra

*Geografia da fome*, ele demonstrou cientificamente que as causas da fome não eram naturais, como as secas, mas sociais, fruto da estrutura social brasileira marcada pela desigualdade. Castro foi pioneiro em defender a Reforma Agrária como política prioritária para o combate à subnutrição e elaborou uma classificação dos diferentes estágios da fome que servem de referência até hoje. Mais tarde se tornou o proponente da criação e primeiro presidente do órgão das Nações Unidas para Alimentação e Agricultura (FAO), uma agência que lidera os esforços conjuntos para a erradicação da fome no mundo.

Também se destacava uma corrente de pensamento denominada Nacional Desenvolvimentista, cujos expoentes eram os economistas Celso Furtado e Ignácio Rangel. Para esses pensadores a Reforma Agrária deveria ser combinada com uma política de industrialização e o desenvolvimento do mercado interno. Furtado era ministro do Planejamento do Governo João Goulart (1961-1964) e tinha especial preocupação com o desenvolvimento da Região Nordeste, tanto que fora criador da Superintendência para Desenvolvimento do Nordeste (Sudene).

**SAIBA+**

- O documentário *Os anos JK – uma trajetória política* (Brasil, 1980, direção de Silvio Tendler) reconta o contexto histórico e a trajetória do Presidente Juscelino Kubitschek por meio de imagens e depoimentos.
- A trajetória de Luís Carlos Prestes, da infância aos momentos marcantes de nossa história, da Coluna Prestes à luta contra a Ditadura militar, é retratada no documentário *O velho* (Brasil, 1997, direção de Toni Venturini).

# Tempos de Guerra Fria

## Cuba e os sonhos da juventude

Ex-colônia espanhola, Cuba alcançou sua independência política em 1898. Entretanto, achava-se sob forte influência dos Estados Unidos, que tinha grande interesse na sua produção de açúcar, tabaco e frutas tropicais. Entre outras iniciativas, os estadunidenses interferiram na Constituição daquele país e apoiaram a Ditadura de Fulgêncio Batista, um militar que governou a ilha do Caribe de 1952 a 1959.

Depois de alguns movimentos frustrados de oposição ao governo, um grupo de guerrilheiros liderados pelos irmãos Fidel e Raúl Castro, por Camilo Cienfuegos e pelo argentino Ernesto "Che" Guevara destituiu Batista e, em 1959, assumiu o poder tendo em mãos um projeto político que pretendia assegurar a soberania do país e direitos ao seu povo.

Em defesa dos seus interesses, os Estados Unidos tentaram uma ação contrarrevolucionária patrocinando o desembarque de 2 mil mercenários na Baía dos Porcos. Com armas nas mãos, os cubanos rechaçaram essa tentativa e, sabendo que sofreriam outras pressões da potência capitalista, se aliaram à União Soviética, apresentando-se ao mundo como um país socialista, o único da América Latina. Isso aconteceu em 1961.

O triunfo da revolução socialista em Cuba foi visto pelos estadunidenses como uma afronta aos seus interesses econômicos e estratégicos, acrescentando um novo ingrediente à Guerra Fria. E mais: os responsáveis pela vitória revolucionária se tornaram heróis e modelos de pensamento e ação para os jovens latino-americanos que sonhavam com justiça social.

Entre os maiores temores provocados pela Revolução Cubana estava justamente a Reforma Agrária. Logo no primeiro ano da revolução naquele país do Caribe, o governo erradicou o latifúndio e confiscou as terras pertencentes aos estrangeiros. Mediante uma política estatal, a propriedade foi entregue para quem nela trabalhava, beneficiando mais de 100 mil camponeses.

Além disso, o trabalho cooperado foi estimulado pela criação de cooperativas de produção, de crédito e de serviços, além das Unidades Básicas de Produção Cooperativa em fazendas estatais. Os camponeses cubanos passaram a ter, em média, 24 hectares, e as antigas propriedades com mais de 67 hectares foram nacionalizadas e incorporadas pelo Estado. As elites agrárias latino-americanas temiam que essas iniciativas inspirassem outros movimentos pelo continente.

## O reformismo de Jango

João Belchior Marques Goulart, apelidado "Jango", foi um político gaúcho considerado herdeiro do prestígio de Getúlio Vargas, de quem fora ministro do Trabalho.

Esse vínculo era um problema para Jango, sempre visto com desconfiança por setores empresariais e militares, que atribuíam a ele a pecha de "comunista" por também defender certo nível de nacionalismo econômico – afinal, para os críticos de Jango, somente em países comunistas é que o Estado controlava a economia. Apesar disso, em 1960 ele foi escolhido para a vice-presidência da República, numa época em que presidente e vice eram votados separadamente, compondo o governo liderado por Jânio da Silva Quadros.

Eleito com 6 milhões de votos, Jânio Quadros tinha uma postura muito personalista de governar: se comunicava com os ministros por meio de bilhetes; se envolvia em polêmicas de natureza moral; no auge da Guerra Fria sua política externa oscilava entre se aproximar dos Estados Unidos (potência capitalista) ou da União Soviética (potência socialista); e carecia de apoio no Congresso Nacional. Por essas razões, somadas aos problemas econômicos herdados do Governo JK, Jânio tentou um golpe: confiando na sua popularidade, apresentou ao parlamento uma carta de renúncia, que esperava ser rejeitada, o que não aconteceu, pois amplos setores dominantes não confiavam nele. A renúncia foi aceita e Jânio deixou o governo em agosto de 1961, apenas oito meses depois de empossado, criando uma grave crise institucional no país.

De acordo com a Constituição, quem deveria assumir a presidência era Jango. Mas o peso da herança do nacionalismo econômico de Vargas e da desconfiança por sua simpatia com o comunismo culminou em uma ampla rejeição por parte da elite.

Por outro lado, havia aqueles que defendiam a Constituição e a posse de Goulart. Nesse grupo destacavam-se os governadores do Rio Grande do Sul, Leonel Brizola, e de Pernambuco, Miguel Arraes, além de representantes das Forças Armadas e de organizações da sociedade civil – e, assim, formaram a Rede da Legalidade.

Da tensão entre os que se opunham à posse do vice e os que a apoiavam nasceu um acordo: Jango assumiria a presidência, mas o parlamento seria a maior força política. Ou seja, o Brasil se transformou numa república parlamentarista, com o presidente sendo apenas chefe de Estado e o parlamento controlando o governo. Essa manobra esvaziou o poder de o presidente tomar decisões, enfraquecendo propostas de mudanças políticas, sociais e econômicas no país.

Entretanto, o parlamentarismo não foi capaz de resolver os graves problemas brasileiros, como uma crescente inflação, desemprego, concentração fundiária e muitas greves. Por esses motivos, num plebiscito realizado em 1963, os brasileiros escolheram a volta do presidencialismo, revigorando a autoridade do Poder Executivo.

Inúmeros movimentos camponeses se formaram nesse caldeirão político, desde a luta de posseiros no Pontal do Paranapanema, em São Paulo, a formas mais organizadas, como o Movimento de Agricultores Sem Terra (Master), no Rio Grande do Sul, a União dos Lavradores e Trabalhadores Agrícolas (Ultabs) e as Ligas Camponesas, o mais expressivo de todos, criadas originalmente como uma associação de ajuda entre camponeses para cobrir os custos de sepultamentos em Vitória de Santo Antão, Pernambuco. Rapidamente o movimento, que tinha em sua pauta a reivindicação da Reforma Agrária, cresceu, se expandiu pelo Nordeste e se consolidou como um instrumento de defesa contra os abusos dos grandes fazendeiros. O advogado Francisco Julião se tornou seu porta-voz e um dos seus líderes, sendo eleito deputado estadual e federal. A Liga Camponesa de Sapé, na Paraíba, também teve atuação destacada. Seu líder, João Pedro Teixeira, foi assassinado por latifundiários, sendo sucedido na liderança por sua viúva, Elizabeth Teixeira.

## O Golpe de 1964

Se na atualidade o Brasil é um país com profundas desigualdades sociais, até a década de 1960 a situação era ainda mais grave, e o Nordeste carecia de políticas eficientes para a resolução dos seus problemas. Nesse contexto, as ligas, com os seus 500 mil seguidores, e a inspiração vinda da vitoriosa Revolução Cubana preocupavam as elites dominantes brasileiras e os Estados Unidos, que temiam uma revolução socialista no Nordeste.

Fortalecido depois do plebiscito, o Presidente João Goulart começou a se movimentar para colocar em prática um projeto político idealizado ainda nos anos de 1950: as reformas de base, que previam mudanças importantes nas estruturas financeiras, tributárias, trabalhistas e agrárias do Brasil. É importante ressaltar que o presidente defendia reformas para atender às necessidades urgentes da nação; ele não cogitava destruir por completo as estruturas já existentes no país, como comumente ocorre nas revoluções. João Goulart queria promover mudanças que gerassem benefícios para o Brasil. Uma das suas propostas era a Lei de Remessa de Lucros, que pretendia obrigar todas as empresas estrangeiras a reinvestir parte dos lucros no Brasil para criar novos empregos e mobilizar a economia.

O reformismo de Jango era, porém, demasiadamente ousado naqueles tempos de vitória socialista em Cuba e de auge da disputa entre Estados Unidos e União Soviética por áreas de influência.

Em um comício na estação ferroviária Central do Brasil, no Rio de Janeiro, no dia 13 de março de 1964, Jango anunciou a decisão de iniciar as reformas de base, incluindo a Reforma Agrária, com a desapropriação de 100km de cada lado das rodovias federais para a produção de alimentos. As terras que fossem menores do que 500 hectares não seriam incluídas nas desapropriações. A medida previa a desapropriação de terras que não cumprissem sua função social, ou seja, que fossem improdutivas ou mal-utilizadas nesses trechos. Os agricultores receberiam no máximo 100 hectares e teriam 20 anos para pagar o valor da terra ao governo. A prioridade eram as famílias mais numerosas e agricultores que não tivessem nenhuma propriedade.

**O golpe de Estado que destituiu João Goulart foi dado por um setor das Forças Armadas, mas contou com o apoio de líderes políticos civis, empresários e latifundiários, além do respaldo externo dos Estados Unidos.**
**Fonte: Agência Senado. Arquivo Público (DF). https://commons.m.wikimdia.org/wiki/File:200_anos_do_Senado_Federal_%2853454039803%29.jpg**

Não houve tempo. Em 1º de abril de 1964, setores das Forças Armadas, apoiados por banqueiros, industriais, latifundiários, classe média urbana e ala mais conservadora da Igreja, financiados pelos Estados Unidos – que inclusive disponibilizaram apoio logístico e militar, com navios de guerra, suprimentos de combustíveis e fuzileiros navais –, derrubaram o Presidente João Goulart e iniciaram uma Ditadura empresarial-militar, que se estendeu de 1964 a 1985.

**SAIBA +**

Documentário *Cabra marcado para morrer* (Brasil, 1984, direção de Eduardo Coutinho). Premiado documentário brasileiro que registra a organização das Ligas Camponesas no Nordeste na década de 1960 e o destino dos camponeses após a repressão pela Ditadura militar duas décadas depois.

## Freio na luta pela terra

O efeito imediato da Ditadura foi a repressão. Logo nos primeiros dias do novo governo, toda forma de organização dos trabalhadores foi suspensa, lideranças de oposição ao golpe foram perseguidas e forçadas a viver na clandestinidade e muita gente foi presa.

No campo, o que se seguiu foi um prenúncio do que aconteceria ao longo do regime de exceção. Segundo um levantamento da Secretaria de Direitos Humanos da Presidência da República, feito em 2013, foram mais de mil camponeses e apoiadores mortos ou desaparecidos entre 1961 e 1988.

Mesmo reprimindo violentamente os camponeses, a Ditadura criou, no mesmo ano do golpe, o Estatuto da Terra. Na prática foi a primeira lei de Reforma Agrária brasileira.

Isso foi possível porque, entre seus elaboradores, havia jovens técnicos, como o agrônomo José Gomes da Silva, com experiência em conflitos agrários e forte influência progressista. Gomes da Silva não era um revolucionário, mas acreditava que a Reforma Agrária era a solução para muitos problemas do país, como a necessidade de desenvolver o mercado consumidor interno, distribuir renda e estimular a indústria. Por outro lado, os empresários e militares, que gravitavam na órbita da política externa dos Estados Unidos, estavam empenhados em diminuir as tensões sociais no campo antes que elas resultassem em novas "revoluções cubanas". Os países aliados dos norte-americanos eram orientados pela Organização dos Estados Americanos (OEA) a instituir suas leis de Reforma Agrária dentro dos limites capitalistas e toleráveis para as elites locais.

Assim, o Estatuto da Terra estabeleceu o cadastro de todas as propriedades rurais, classificou essas terras de acordo com tamanho, utilização e capacidade, previu a desapropriação (ou seja, a aquisição das terras pelo Estado com indenização ao proprietário) das terras que não atingiam sua capacidade produtiva, instituiu um Imposto Territorial Rural (ITR) e destinou essas terras improdutivas para a Reforma Agrária, beneficiando agricultores sem terra. Para executar essas políticas foi criado um órgão específico, o Instituto Brasileiro de Reforma Agrária (Ibra).

Apesar de seu caráter avançado, o Estatuto da Terra se tornou "lei para americano ver", sem ter sido totalmente implementado. Aproveitando os instrumentos criados pelo estatuto, a Ditadura investiu, na prática, numa política de colonização, que enviou milhares de agricultores para desbravar novas fronteiras agrícolas nas regiões Norte e Centro-Oeste, como mão de obra barata e sem condições de infraestrutura. A política de colonização seguiu o rastro de grandes obras criadas pela Ditadura, endividada com volumosos empréstimos internacionais e que beneficiava apenas as grandes empresas que construíram rodovias e hidrelétricas nesses territórios.

## Nossos guerrilheiros

Quando ocorreu a destituição de João Goulart, porta-vozes dos militares afirmaram que eles devolveriam o poder aos civis tão logo o país reencontrasse a estabilidade interna, prazo estimado em 2 anos. Porém o tempo passou, os problemas estruturais não foram resolvidos e a Ditadura permaneceu como regime de Estado. Por essa razão cresceram as manifestações contra o governo do Marechal Humberto de Alencar Castelo Branco, inclusive por parte de alguns líderes que tinham apoiado o golpe em 1964.

Foi nesse contexto de aumento da oposição que em dezembro de 1968 o Marechal-presidente Arthur da Costa e Silva decretou o Ato Institucional nº 5, AI-5, que fechou o Congresso Nacional e calou de vez as vozes discordantes. Foi quando "a Ditadura se escancarou", como escreveu Elio Gaspari (2002).

Sem ter como dialogar com o Estado, alguns grupos opositores passaram para a luta armada e formaram diversas pequenas organizações guerrilheiras, que atuaram na cidade e no campo. Formadas na sua quase totalidade por jovens e inexperientes combatentes, executaram ações para financiar a luta contra a Ditadura e libertar presos políticos da tortura. No seu auge, esses grupos totalizavam cerca de mil guerrilheiros, que, utopicamente, queriam desbancar um governo que contava com o apoio do alto-comando das Forças Armadas, Polícia Civil, banqueiros, industriais, latifundiários, grandes empresas estrangeiras e os Estados Unidos.

Entre 1970 e 1972, já sentindo todo o peso da repressão nas cidades, a guerrilha se deslocou para o interior do país e fez uma nova tentativa de mobilizar camponeses na região do Araguaia, sul do Pará, conhecida por ser palco de constantes conflitos pela posse da terra. Ali, instalaram-se cerca de oitenta jovens guerrilheiros, que estabeleceram laços de amizade e solidariedade com a população local, planejando engajá-la na luta contra a Ditadura. Não tiveram tempo. Os guerrilheiros foram delatados por informantes, caçados e quase todos mortos pela ação de 5 mil soldados do Exército, que contaram com o apoio da Aeronáutica e da Marinha.

A Ditadura triunfou, mas a partir de 1973 o regime forte começou a dar sinais de fraqueza, pois a economia se deparou com uma elevação internacional do preço do barril de petróleo, que também afetou inúmeros outros países.

## SAIBA +

• A série de documentários *Memórias do chumbo – futebol em tempos de Condor* (Brasil, 2013, direção de Lúcio de Castro) conta a trajetória das Ditaduras sul-americanas tendo o futebol como fio condutor.

• O filme *Batismo de sangue* (Brasil, 2007, direção de Helvécio Ratton), inspirado no livro homônimo de Frei Betto, mostra a repressão da Ditadura brasileira a partir da trajetória real do Frei Tito de Alencar Lima, que foi preso e torturado pelos militares. Abalado psicologicamente pelas ameaças à família, cometeu suicídio.

• *Futuro interrompido: como a Ditadura travou os planos de Celso Furtado para o Nordeste?* é uma reportagem audiovisual do Brasil de Fato sobre o tratamento dado ao Nordeste pela Ditadura militar, com destaque para as ideias de Celso Furtado para o desenvolvimento da região.

# Novos ventos

## A Ditadura em xeque

Em 1968 o Marechal Costa e Silva foi substituído pelo General Ernesto Geisel, que trouxe consigo um plano de desenvolvimento das indústrias e das telecomunicações financiado pelo Fundo Monetário Internacional (FMI). A entrada de capital e de empresas estrangeiras, somada à criação de empresas estatais, resultou num rápido e significativo crescimento do Produto Interno Bruto (PIB), que é a soma das riquezas produzidas. O PIB brasileiro chegou a crescer incríveis 7% ao ano, e essa circunstância ficou conhecida como "milagre econômico".

O modelo implementado não previa mecanismos eficazes de distribuição da riqueza produzida; ao contrário, estava estruturado para garantir ainda mais a sua concentração nas mãos de empresários brasileiros e estrangeiros, banqueiros e latifundiários. "Vamos esperar o bolo crescer para depois reparti-lo", afirmou o ministro da Economia na época, Antônio Delfim Netto. Isso não aconteceu e o Brasil se afundou numa enorme dívida externa.

Para a agricultura, o "milagre econômico" e seus desdobramentos representaram uma modernização tecnológica do setor, mas sem a Reforma Agrária. A ideia era levar a mesma lógica produtiva das indústrias para a agricultura, apostando na alta produção padronizada. Para aumentar a produção, o uso de produtos químicos em larga escala se tornou habitual, e essa prática foi ironicamente chamada de "revolução verde".

A agricultura passou a estar definitivamente atrelada à indústria, que fornecia insumos e máquinas, e dependente de grandes grupos que controlavam tanto o fornecimento desses equipamentos quanto o beneficiamento dos produtos e a sua comercialização. Nessa fase se acentuou a exploração do trabalhador assalariado, transformado em uma espécie de "operário rural". Essa lógica favoreceu principalmente a produção de grãos, milho e soja, além do cultivo da cana-de-açúcar.

Novamente, nada mudou na forma de propriedade. A terra continuou nas mãos dos grandes latifundiários; e a produção, voltada para a monocultura, visando à exportação. A situação dos camponeses, por sua vez, foi agravada. Nesse período, a mecanização da produção e as más condições de vida no campo aumentaram o êxodo rural, o abandono do campo para tentar a vida nas cidades.

Mesmo com a força da repressão, a Ditadura não foi capaz de conter os descontentamentos sociais. Nas cidades formaram-se movimentos contra a carestia (elevação do custo de vida), como o ocorrido em São Paulo, que levou milhares de donas de casa às ruas, batendo panelas vazias e criticando o preço dos alimentos. Conhecido como o Movimento do Custo de Vida (MCV), essa manifestação aconteceu inicialmente no bairro de Santo Amaro, na cidade de São Paulo, em 1973, mas logo se expandiu para outras cidades médias e grandes, colocando em foco uma nova protagonista, a mulher da periferia, que apareceu protestando contra a carestia. Nesse contexto, também ganharam força as greves operárias, que se posicionaram contra o achatamento dos salários e as arbitrariedades cometidas pelo Estado e pelos patrões, como as dissoluções à força de passeatas e as demissões, quase sempre injustificadas, dos trabalhadores que reivindicavam direitos.

No fim da década de 1970, manifestações de setores organizados da sociedade civil, como sindicatos e associações, passaram a exigir a volta dos exilados políticos, propondo a Lei de Anistia (1978), que permitiria a volta ao país de líderes da oposição. Na difícil disputa com a Ditadura, o que a oposição conseguiu foi a Lei de Anistia Ampla, Geral e Irrestrita, esta, sim, aprovada nos Tribunais Superiores e no Congresso Nacional. A diferença entre a lei proposta e a aprovada está no alcance delas: a segunda também beneficiou aqueles que cometeram abusos na repressão, torturando e matando cerca de 2 mil pessoas que fizeram oposição à Ditadura.

Outro avanço importante foi o fim do bipartidarismo. Quando a Ditadura foi imposta em 1964, com a finalidade de dar uma fachada democrática ao golpe civil-militar, estabeleceu-se que o país teria um partido situacionista, a Aliança Renovadora Nacional, Arena, e uma oposição moderada, o Movimento Democrático Brasileiro (MDB).

Em 1979 definiu-se que o Brasil teria o pluripartidarismo, e logo apresentaram-se seis partidos: o Partido Democrático Social (PDS), que reuniu muita gente da extinta Arena; o Partido do Movimento Democrático Brasileiro (PMDB), que atraiu quase todos os políticos do MDB; o Partido Democrático Trabalhista (PDT), que, juntamente com o Partido Trabalhista Brasileiro (PTB), tinha muita afinidade com as ideias de Getúlio Vargas; o recém-criado Partido dos Trabalhadores (PT), que se organizou em meio às greves operárias em São Paulo; e o Partido Socialista Brasileiro (PSB), defensor do socialismo democrático. Essas novas agremiações políticas conquistaram governos de estados importantes nas eleições de 1982.

O retorno de líderes exilados, o agravamento da crise econômica (causada pelo aumento no preço dos barris de petróleo), o desemprego, o desabastecimento, a inflação e alguns episódios de práticas terroristas para calar os opositores acabaram fortalecendo a luta pela redemocratização do país. Por isso, no início dos anos de 1980, o deputado Dante de Oliveira propôs uma emenda constitucional que previa a volta de eleições livres e diretas para presidente da República.

Conhecido como "Diretas já!", o movimento mobilizou milhões de pessoas de todos os segmentos sociais, desde artistas, intelectuais, esportistas e profissionais liberais a trabalhadores da indústria, do comércio e servidores públicos. Enfim, a sociedade brasileira se fez representar em abaixo-assinados, comícios e passeatas em todos os cantos do país. Na capital paulista, por exemplo, em 1984, uma das manifestações reuniu mais de 1 milhão de pessoas.

No Congresso Nacional, a emenda constitucional não obteve a votação necessária para ser aprovada; o que se conseguiu foi que um colégio eleitoral escolhesse civis para governar o país.

No campo, inúmeras ocupações de terras e outras formas de luta também aconteceram nessa retomada de movimentos sociais. Foram essas lutas que, em 1984, deram origem ao Movimento dos Trabalhadores Rurais Sem Terra, o MST.

## A redemocratização e a terra

Com o fim da Ditadura iniciou-se um novo período de expectativas e esperanças no Brasil. Mesmo sem terem o direito de votar diretamente para presidente, os brasileiros viram o civil Tancredo Neves, um tradicional político mineiro, ser escolhido para a presidência após 21 anos de governos militares. Seu vice era José Sarney. Tancredo faleceu antes da posse e foi sucedido por Sarney, que tinha vínculos com o latifúndio no Maranhão.

Muito embora tivesse adotado o lema "Tudo pelo social", Sarney fez pouco pela sociedade brasileira. O Plano Cruzado, que tabelou preços e mudou a moeda, trouxe prestígio e assegurou vitórias do PMDB e aliados nas eleições de 1985; porém, depois disso, o plano perdeu força e resultou numa inflação acima dos 80% ao mês. De bom mesmo no período apenas a promulgação da nova Constituição Federal em 1988, que introduziu alguns direitos sociais.

No entanto, a pressão da sociedade por mudanças era maior do que o desinteresse de Sarney pelas questões sociais. Em 1985, o próprio Sarney anunciou a criação do I Plano Nacional de Reforma Agrária, PNRA, que, para a sua elaboração, contou com a contribuição de José Gomes da Silva. O PNRA previa o assentamento de 1,4 milhão de famílias sem terra e a desapropriação de 43 milhões de hectares. Porém o PNRA foi desfigurado na sua tramitação e execução e atingiu apenas 6% da sua meta, pouco mais de 82 mil famílias.

Além da lentidão do governo, os trabalhadores rurais ainda precisavam enfrentar a violência no campo. Fazendeiros organizaram milícias para combater os trabalhadores e se reuniram em uma organização chamada União Democrática Ruralista (UDR), que defendia (e continua defendendo) o uso de armas para impedir a Reforma Agrária. Somente em 1985 foram registrados 768 conflitos decorrentes de disputas por terras, condições de trabalho assalariado temporário e outras questões envolvendo direitos trabalhistas, com 216 mortes, 1.363 feridos e 557 presos.

A luta por Reforma Agrária também encontrou espaço e demonstrou força na elaboração da nova Constituição do país, aprovada em 1988, que incorporou alguns dos princípios que estavam no Estatuto da Terra.

Apesar dessas conquistas, o Brasil chegou ao século XXI sem resolver um dos seus problemas estruturais, que é a concentração fundiária. O país já possuía uma legislação sobre a Reforma Agrária, um movimento social forte que lutava pela democratização do acesso à terra, mas ainda era o latifúndio, produzindo para monocultura e exportação, que controlava a maior parte do território – da mesma forma como 500 anos antes.

# Que país é este?

## A relação entre o campo e a cidade

O Censo Demográfico realizado pelo IBGE em 2022 apurou que o Brasil tem mais de 203 milhões de habitantes. Também constatou que 61% dessa população (cerca de 124 milhões de pessoas) vivem em cidades. Conclusão: o país é urbano.

Apesar disso, estudiosos afirmam que as origens de grande parte dos problemas do nosso país são resultantes dos seguintes aspectos: a forma como a agropecuária está organizada, como se utiliza o solo, quem são seus proprietários, o que produzem ou não, como produzem e para quem. Além disso, questões ambientais também estão associadas ao modo como se dá a exploração da terra nas áreas rurais.

A elevação da temperatura média do planeta causa um forte impacto nas cidades, que se transformam, cada vez mais, em "ilhas de calor" capazes de formar fortes e destruidoras tempestades. Esses extremos climáticos – que são mundiais e têm se manifestado no Brasil – têm como uma das principais causas o desmatamento de vastas áreas na Amazônia para a criação de gado e o plantio de soja. Isto é, o manejo do trabalho no campo traz consequências para as cidades.

Outro indicador da relação entre o campo e a cidade é o preço dos alimentos. Durante a pandemia de covid-19 muitos alimentos foram inflacionados, porque o comércio internacional e a circulação de mercadorias estavam afetados pela necessidade de isolamento e redução das atividades. Um pacote de 5 kg de arroz, por exemplo, que custava em torno de R$ 10, disparou para até R$ 40. Mas como os preços aumentaram tanto se o Brasil é um dos dez maiores produtores de arroz do mundo? Não deveria haver arroz suficiente para todos? Deveria. Ocorre que os preços subiram em todos os países, e os fazendeiros brasileiros seguraram seus estoques, esperando o preço subir ainda mais para vender por valores mais altos ainda. Ou seja, especularam com o alimento. E como os compradores internacionais pagam em dólar, uma moeda mais valorizada, os fazendeiros venderam a produção para o exterior, tirando um dos alimentos mais brasileiros das prateleiras dos supermercados. O que sobrou para o brasileiro? Comprar o arroz quebrado, a parte que sobra da produção e que não interessa ao consumidor estrangeiro. O que não servia para a mesa do europeu ficava no prato do brasileiro.

Todos esses problemas fazem parte do que os economistas chamam de questão agrária. Esse é um campo de estudo e pesquisa que se dedica a analisar como cada sociedade organiza o uso, a posse e propriedade da terra. Além disso, procura entender como essas características afetam ou determinam o abastecimento e o acesso a alimentos dessas populações.

Apesar das diferentes características temporais, geográficas e dos recursos humanos e materiais de cada sociedade, há certo consenso de que o centro do problema, a questão agrária em si, está na concentração da propriedade de terra – ou seja, quando poucas pessoas são donas de muitas terras.

## O Agronegócio

No fim do século XX a agricultura brasileira sofreu uma profunda transformação. Durante a maior parte da história do Brasil, as terras e a agricultura baseavam-se no latifúndio e na monocultura para exportação. Nada disso mudou. Ao contrário, foi acentuado. A mudança se deu em quem eram os proprietários de terra.

No lugar de fazendeiros e grandes proprietários de terra entraram bancos e investidores internacionais. Nas últimas décadas, os países do chamado Sul Global (América Latina, Ásia e África) foram pressionados a mudar suas leis e permitir que o dinheiro estrangeiro entrasse e saísse pagando pouco ou nenhum imposto.

Com isso, esses bancos e investidores compraram muitas terras e empresas agrícolas brasileiras. Dados da plataforma LandMatrix apontam o Brasil como o terceiro maior mercado de investimentos externos em terras. Somente na década de 2010 foram comprados 3,4 milhões de hectares. Foi como se 3,5 milhões de campos oficiais de futebol passassem a ser propriedade de estrangeiros.

Aos poucos, esses grandes investidores foram controlando toda a cadeia produtiva, todas as etapas de determinado negócio. No caso da agricultura, ela envolve desde as sementes, os insumos, as máquinas, depois a comercialização do produto, sua transformação numa agroindústria até chegar ao consumidor final.

Controlando a cadeia produtiva eles podem decidir o que é produzido nas terras brasileiras, qual será o mercado desses produtos, o preço pago ao agricultor e o preço final para o consumidor.

Assim, grande parte das produções rurais brasileiras se transformou em *commodities*, produtos primários que podem ser comercializados em todo o mundo, como o feijão. Ainda que o Brasil tenha diversos tipos de feijão (feijão preto, carioquinha, branco, de corda, entre outros), como esse feijão precisa ser vendido no mercado mundial, o sabor dele deve agradar tanto o comprador nos Estados Unidos quanto o comprador na China ou na Arábia Saudita. Além disso, para atender a tantos mercados, o produtor de feijão não pode trabalhar com muitas variedades; para produzir em escala é melhor que produza um único tipo, o que facilita o cultivo e a armazenagem. Dessa forma se reduzem as variedades para que o tipo de feijão mais aceito no mercado seja mais cultivado.

Como são produtos negociados no mercado mundial, os produtores vendem onde têm maior lucro. Foi o que aconteceu no Brasil durante a pandemia de covid-19. Ao mesmo tempo que havia brasileiros passando fome, havia arroz em estoque. Mas os donos da produção preferiam vender para o exterior, onde teriam maior lucro, do que vender no país, onde havia mais famintos.

Outro reflexo dessa transformação de produtos agrícolas em *commodities* foi a troca de culturas tradicionais por aquelas que atendem ao mercado externo. Segundo dados da Companhia Nacional de Abastecimento, Conab, entre 1977 e 2021, a área plantada de feijão encolheu 35% no Brasil, caindo para 2,9 milhões de hectares. Nas terras onde se produzia um dos principais alimentos da mesa dos brasileiros passou-se a plantar soja, mais valorizada no mercado, ou cana-de-açúcar, para a produção de combustíveis. Desapareceu do prato para alimentar o gado no exterior ou ir para o tanque do automóvel.

Por isso a produção agrícola brasileira se tornou concentrada em algumas *commodities*, como soja, milho, algodão, cana-de-açúcar e a pecuária bovina. Em 2021 esses produtos ocupavam 86% de toda a área agrícola, representando 94% de todo o volume e 86% do valor da produção.

Por outro lado, a produção de feijão diminuiu em 18% em 10 anos e deve ter uma redução total de até 48% em 20 anos. Já o arroz deve ter uma redução de ⅔ da sua área plantada na próxima década.

Esse modelo de agricultura baseado nos investimentos de bancos e fundos de investidores, com monocultura para exportação, se chama Agronegócio. A forma de organizar a agricultura permaneceu, mas agora internacionalizada.

O gráfico elaborado pelos professores Bruno Malheiro, Fernando Michelotti e Thiago Alan Guedes Sabino, da Universidade Federal do Sul e Sudeste do Pará, deixa evidente esse desequilíbrio.

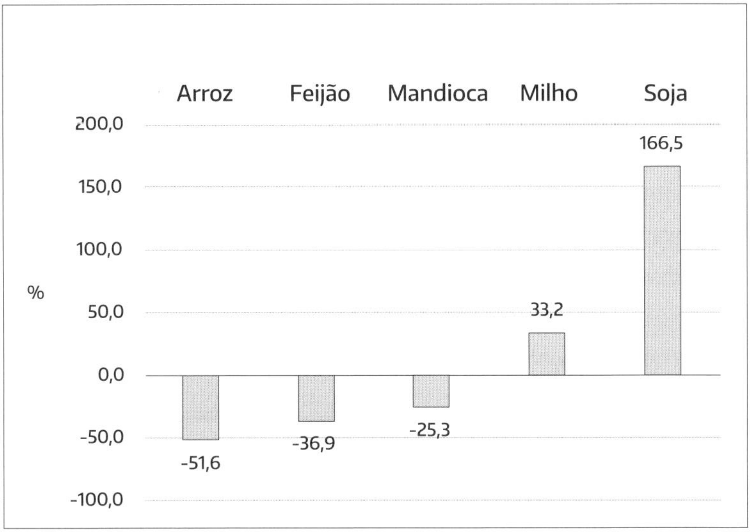


**Diferença percentual da área plantada no Brasil entre 1999 e 2018 (IBGE, 2018). Enquanto arroz, feijão e mandioca tiveram suas áreas de cultivo reduzidas, o milho e a soja conquistaram mais terras.**

## O valor das tulipas

O mercado de produtos agrícolas se tornou também uma forma de especulação financeira. Para entender como isso funciona, vale conhecer uma história relembrada pelo economista Alexandre Versignassi (2019) em seu livro *Crash: uma breve história da economia*.

Diz o autor que no século XVII as tulipas eram as flores favoritas dos endinheirados na Europa, e os holandeses eram os seus principais produtores e comerciantes. Quando foi apresentada uma espécie rara de tulipa, uma variedade branca, resultado de contaminação por um vírus, o interesse por essa planta ficou ainda maior, elevando também o valor das tulipas comuns. Mas havia um problema: elas floresciam somente na primavera. Então os comerciantes se deram conta de que poderiam vender os bulbos – raízes de onde nascem as flores – nas demais estações do ano.

Assim, alguém poderia comprar o bulbo mais barato e vendê-lo por um preço muito maior quando tivesse a flor. Logo, um novo mercado tinha surgido, com muita gente comprando a raiz na expectativa de revender mais caro. Alguns nem levavam para casa: ficavam apenas com um papel que os declarava proprietários de uma futura planta. E, em seguida, não se negociavam nem as flores, nem as raízes, mas esses papéis. Como os preços continuavam subindo, mais gente comprava esses títulos na esperança de vendê-los num futuro próximo. Apareceram também fraudes: floriculturas que vendiam mais papéis do que bulbos existentes. Além disso, como a tulipa só seria branca se fosse contaminada pelo vírus, os compradores poderiam pagar uma fortuna e, quando a planta florescesse, constatar que eram proprietários de uma tulipa comum.

Ocorre que o número de pessoas dispostas a comprar uma tulipa é finito. Em algum momento, ter uma flor assim deixou de ser sinal de *status*. As pessoas tinham se endividado ou tinham centenas de papéis que já não valiam o que foi pago. A "bolha da tulipa" tinha estourado.

Essa lição não foi aprendida, e bancos e investidores continuam especulando, apostando em lucros futuros. Da mesma forma como aconteceu com as tulipas, os investidores da atualidade compram papéis que representam safras futuras de soja, milho e outras *commodities*, esperando vendê-los por um preço maior no futuro.

## Especulação e concentração

A prática de comprar papéis que asseguram direitos sobre uma safra futura gera duas consequências. Primeiro, se todos querem um mesmo produto e estão dispostos a pagar mais caro por ele, os agricultores direcionam o seu trabalho para esse produto desejado e deixam de lado os que vendem menos no mercado internacional. Segundo, ocorre uma elevação de preços para acompanhar o valor dos papéis na Bolsa de Valores.

Como é a demanda internacional que determina o preço e quais produtos são negociados, os investidores aumentam os seus lucros e controlam mais terras. Por isso, nos anos de 2000 esses investidores estrangeiros adquiriram primeiro as terras improdutivas ou as grandes propriedades.

A terra é um bem finito, a sua existência não pode ser "fabricada". Para ampliar suas propriedades, o Agronegócio passou então a se apropriar de outras terras. Muitas estavam em posse de pequenos agricultores ou eram protegidas pelo Estado e pelas leis, como as reservas indígenas, as terras quilombolas e os assentamentos da Reforma Agrária.

Essa grande manobra seria impossível se o Agronegócio não contasse com a ajuda do Estado. Na safra de 2023/2024 o Agronegócio acessou R$ 400 bilhões no crédito rural, em adiantamentos ou em empréstimos para financiar a produção. Já os pequenos e médios agricultores receberam apenas R$ 71 bilhões. Como os juros no Brasil estão entre os mais altos do mundo, o governo assumiu a diferença entre o que o Agronegócio pegou no banco e os juros do mercado. Isso custou aos cofres públicos R$ 13 bilhões na safra de 2023/2024, dinheiro meu e seu.

## O mito do Agronegócio

Mesmo com graves consequências para o meio ambiente e para a alimentação dos brasileiros, o Agronegócio é tratado como um "herói nacional" porque as vendas desses produtos são feitas em dólares, gerando divisas empregadas na compra de bens industrializados produzidos no exterior.

Com esse argumento, alguns intelectuais como Denis Rosenfield e Francisco Graziano passaram a defender que a Reforma Agrária era uma política ultrapassada e cara e que o Agronegócio já havia solucionado a questão agrária ao modernizar o campo tecnologicamente. Portanto, não era mais necessário incorporar os pequenos agricultores.

Outros defendem que o Agronegócio pode coexistir com a agricultura familiar: o primeiro dedicado às exportações, e o segundo ao mercado interno.

Ainda que o Agronegócio tenha muita influência em algumas áreas acadêmicas, esses debates têm ocorrido principalmente fora das universidades, em eventos de organizações e institutos vinculados ao próprio Agronegócio, os chamados *think tanks*, que é o termo em inglês para institutos que procuram influenciar a opinião pública para os temas de seus interesses.

Além disso, para que não se questione a falta de comida, a comida ruim cheia de agrotóxicos ou a isenção de impostos para os grandes produtores, o Agronegócio se vale dos meios de comunicação para a construção da sua autoimagem positiva, pois muitos dos veículos midiáticos pertencem ou são patrocinados por esse setor. Além das reportagens favoráveis aos seus interesses, dos programas na TV e no YouTube, e dos muitos comerciais na televisão, na internet e no rádio, o Agronegócio também apoia festivais, feiras agropecuárias e até artistas sertanejos como forma de estabelecer uma imagem positiva junto à opinião pública.

Outra força do Agronegócio vem dos deputados e senadores, muitos eleitos com doações dessas empresas ou por residirem em municípios em que a presença do Agronegócio é bastante expressiva ou, ainda, por serem de famílias de fazendeiros. No Congresso, a bancada ruralista, a articulação suprapartidária dos parlamentares em defesa dos interesses do setor, reúne 324 deputados federais (61% da Câmara) e 50 senadores (35% do Senado).

Ações parlamentares em defesa de setores específicos privados não são ilegais e são comuns nos governos democráticos. O problema se dá quando a ação em benefício de pequenos grupos privilegiados e com maior poder econômico se sobrepõe aos interesses e às necessidades do povo, que é quem os parlamentares deveriam representar. Essa também é uma forma de corrupção.

## Uma vilã: a soja

Para compreendermos como ocorrem essas mudanças de rota na agricultura e suas consequências, vamos refletir sobre a produção da soja no Brasil.

A soja é a principal oleaginosa produzida, processada e comercializada no mundo, e o Brasil é o principal produtor do grão junto com os Estados Unidos.

Hoje, as plantações de soja ocupam dez vezes mais território do que toda a área urbanizada do Brasil, segundo levantamento do MapBiomas. Quando o preço da soja aumentou no mercado internacional, os investidores adquiriram ou arrendaram mais terras destinadas para essa cultura. Por exemplo, na região do Matopiba, formada por Maranhão, Tocantins, Piauí e Bahia, a área plantada com soja cresceu 253%, saltando de 1 milhão para 3,4 milhões de hectares. Para que se aumente a área plantada existem dois caminhos: desmatar as áreas de floresta ou deixar de produzir outras culturas, como feijão, arroz e horticultura.

Em 2019, a soja ocupava 90% da agricultura do Cerrado, no Centro-Oeste brasileiro. Expandiu-se para a região do Matopiba, destruindo 780 mil hectares de mata nativa entre 2000 e 2007 e 1,3 milhão de hectares entre 2007 e 2014, principalmente nos estados do Maranhão e do Piauí.

Desde o momento do plantio, podemos perceber o peso das empresas estrangeiras. Segundo estudo de Sergio Schlesinger, publicado em 2006 pela Federação de Órgãos para Assistência Social e Educacional, Fase, 91% das vendas de sementes geneticamente modificadas em 2003 eram concentradas em cinco empresas: Dupont,

Monsanto, Syngenta, Bayer e Dow Agrosciences. Entretanto, também é parte desse movimento do Agronegócio a fusão de empresas, que passam a concentrar o mercado. Dezesseis anos depois, segundo levantamento do Instituto Tricontinental de Pesquisa Social, eram apenas três grandes conglomerados que controlavam de fato a produção de soja: a Bayer/Monsanto, a DowDuPonte e a Chemchina (Adama/Syngenta). Os serviços de processamento e comercialização também são altamente concentrados em poucas empresas transnacionais: ADM e Cargill, estadunidenses, Bunge, holandesa, e Louis Dreyfus Company, francesa.

Segundo a Conab, a maior parte dos custos de produção da soja decorre exatamente dos agrotóxicos e fertilizantes, que somam cerca de 46% dos gastos, superando todos os outros custos variáveis somados, inclusive juros, sementes e máquinas agrícolas.

De acordo com a Empresa Brasileira de Pesquisa Agropecuária, Embrapa, 101 milhões de toneladas de soja foram exportadas em 2022, outros 76 milhões ficaram no país, a maior parte para a produção de óleo. Da soja em grãos, sem ser transformada em outro produto, 60% foi exportada, o que significa que foi processada em outro país, que lucrou com a venda do produto industrializado. Também foram exportados 52% da produção de farelo de soja, usado principalmente para a ração animal. Quanto ao óleo de soja, entre 85% e 90% destinam-se à indústria de biodiesel.

Assim como a produção não fica no Brasil, também o lucro deixa as fronteiras do país. Segundo cálculos da Conab, 70% da renda produzida é apropriada pelas empresas transnacionais que fornecem os insumos; 13% se referem à renda da terra, que fica com o proprietário; 9% se destinam ao capital financeiro, aos bancos pagando juros e seguros; 7% são destinados aos trabalhadores como pagamento de salários; e somente 2% na forma de impostos, que são repartidos para toda a sociedade.

**Plantação de soja**
**Fonte: https://commons.wikimedia.org/wiki/File:PlantacaodeSoja.JPG**

## O Agronegócio sustenta o Brasil?

As empresas e os veículos de comunicação afirmam que o Agronegócio é responsável por 27,4% do PIB brasileiro. Segundo reportagem da revista *piauí*, esse é um cálculo maquiado, usando uma metodologia dos anos de 1950, que incluiu toda a cadeia econômica envolvida com a produção no campo – do prego da cerca ao medicamento do cavalo. Se limitarmos o Agronegócio ao que efetivamente produz – plantas e animais –, a sua participação real no PIB não chega a 7%, de acordo com os cálculos do IBGE.

Graças à isenção de impostos, o Agronegócio consome muito do solo e das águas, usa boa parte da estrutura do país, mas deixa pouco aqui. Segundo uma pesquisa de seis organizações não governamentais, ONGs, considerando apenas comércio do grão, compra de sementes, fertilizantes e agrotóxicos, a produção de soja recebeu mais de R$ 56,8 bilhões de incentivos fiscais e desonerações tributárias em 2022. Se incluirmos transporte e distribuição, além dos benefícios da Lei Kandir (isenção de imposto para exportação de matéria-prima nos estados onde foi produzida), os valores ultrapassam R$ 80 bilhões anuais em isenção de impostos.

Os benefícios para o Agronegócio são tamanhos que em 2019 o setor recolheu apenas R$ 16 mil em Imposto sobre Circulação de Mercadorias e Serviços (ICMS), valor bem menor do que o recolhido por um pequeno restaurante da periferia de São Paulo.

Mas os benefícios fiscais ao Agronegócio não param por aí. Em 2019, o governo deu 95% de desconto na liquidação de dívidas rurais. Considerando os dados da Receita Federal, a renda dos produtores rurais isenta de imposto cresceu mais de 210% (140% acima da inflação, entre 2017 e 2022, dentro do grupo que constitui o 0,1% mais rico da população adulta brasileira. Segundo a própria Receita Federal, em 2022, a parcela da renda da atividade rural que ficou fora da cobrança dos impostos chegou a R$ 101 bilhões, tributos que poderiam financiar escolas, hospitais, segurança pública, preservação do meio ambiente, investimentos em pesquisas e outras demandas sociais.

## O Agronegócio gera desenvolvimento?

Analisando o desempenho econômico do Agronegócio em detalhes, chama atenção a alta concentração de riquezas. Na prática, menos de cem empresas do Agronegócio controlam toda a produção e comercialização e, portanto, concentram a renda produzida.

Os dados são a melhor forma de avaliarmos o impacto do Agronegócio na vida das pessoas comuns. Em 2021, a Agenda Pública, com recursos da União Europeia, encomendou uma pesquisa para a Universidade Federal de Minas Gerais (UFMG) sobre a situação socioeconômica dos municípios onde o Agronegócio estivesse presente. Foram comparadas as situações de 5.570 municípios de todas as regiões brasileiras. Os municípios que tivessem mais de 50% de sua mão de obra empregada em atividades agropecuárias e onde a agropecuária fosse a principal atividade econômica foram definidos como "agro".

O resultado final: os municípios do "agro" têm indicadores sociais piores que os demais. Na prática, nessas cidades, as condições de saneamento básico, infraestrutura e educação estão abaixo dos níveis nacionais. Segundo a pesquisa, nos municípios onde o Agronegócio está mais presente, as pessoas têm menor expectativa de vida, estudam menos, recebem salários mais baixos e os níveis de pobreza estão acima de 40%, o que representa o dobro do que se verifica nas demais cidades.

No município de Correntina, na Bahia, por exemplo, os latifúndios ocupam 75,35% da área total dos estabelecimentos agropecuários, concentrados em apenas 1% dos proprietários. Em 2010, o Índice de Desenvolvimento Humano (IDH) foi de 0,603, abaixo da média nacional, que é 0,699. O que se percebe pelas taxas de pobreza: 45% da população rural e 31,8% da população geral vivem em condições precárias e com baixo acesso à alimentação, educação e saúde. Além de tudo isso, 249 trabalhadores foram resgatados de condições de trabalho análogo à escravidão entre 2003 e 2013.

Na educação, os pesquisadores utilizaram como referência o Índice de Educação Básica, Ideb, calculado pela aprovação escolar e pela média do desempenho nos exames aplicados pelo Ministério da Educação. O índice vai de 0 a 10. Nos municípios sem Agronegócio ou onde ele tem menor peso, o valor médio foi 5,8 e a melhor nota foi 9,4. Já nos municípios do agro, a média foi 5,6 e o valor máximo 8,9. Nos municípios do Agronegócio o gasto total por aluno é maior, mas o Ideb se mostrou inferior, o que significa que esses recursos são mal-aplicados ou menos efetivos do que nas cidades onde predomina o outro modelo de exploração da terra.

Vejamos um exemplo. O município de Campos de Júlio, no Mato Grosso, apresenta a maior renda *per capita* (total da riqueza produzida dividido pela população) do estado e é o oitavo do país: R$ 202,3 mil por habitante – enquanto esse índice nacional é de apenas R$ 1.893. Entretanto, apresenta uma baixa taxa de escolarização na faixa de 6 a 14 anos de idade e ocupa a 2.237ª posição entre os municípios brasileiros. Além disso, os alunos matriculados não tiveram bom aproveitamento no Ideb.

Existem outros dados que demonstram que o Agronegócio não é sinônimo de desenvolvimento. Um deles é o Índice de Complexidade Econômica (ICE), elaborado por economistas para medir o grau de inovação tecnológica aplicada e a diversidade da produção de um país. Segundo estudos, o ICE das exportações é uma previsão do nível de renda de determinada sociedade. Se o ICE for maior do que o nível de renda, é sinal de que haverá um crescimento rápido no futuro.

Mas, no caso brasileiro, é justamente o contrário. Em apenas um ano, entre 2019 e 2000, o Brasil caiu 27 posições na classificação entre 133 países pesquisados. Até 2029, segundo o Growth Lab da Universidade de Harvard, o Brasil deve cair para o 110º lugar, abaixo da metade dos outros países do mundo.

A explicação é bastante simples: a maior parte da exportação brasileira é proveniente do Agronegócio, mas ela é feita com baixo processamento – em alguns casos até *in natura*, ou seja, os produtos são exportados da forma como foram colhidos. Como a maior parte da produção é vendida sem ser processada, isso impede o surgimento de indústrias que transformem essa matéria-prima em produtos, de conhecimentos em novas tecnologias e de empregos nas cidades.

## O desrespeito aos trabalhadores

Em 10 anos, entre 2012 e 2022, o Agronegócio desempregou cerca de 1,4 milhão de pessoas segundo o IBGE. E a qualidade desse trabalho também é questionável. Na lista do "trabalho sujo", elaborado pelo Governo Federal, que elenca as empresas que praticaram trabalho análogo à escravidão, a liderança é de empresas do Agronegócio: dentre as 289 organizações "sujas", 172 são empresas rurais. Entre as 15 empresas com as situações mais degradantes de trabalho, 13 são do Agronegócio.

Somente em 2022, de acordo com a sistematização da Comissão Pastoral da Terra (CPT), 88% dos resgatados de condições semelhantes à escravidão estavam em trabalhos agrícolas; e 62% destes em monoculturas de cana, soja, café, maçã e árvores (CPT, 2023). Em 2023, no campo, foram resgatadas 2,7 mil pessoas, 35 delas ainda menores de idade. Por exemplo, no Oeste baiano, novamente no Matopiba, entre 2005 e 2007, foram localizados 803 trabalhadores em situação análoga à escravidão em lavouras de milho, soja e algodão pertencentes ao Agronegócio.

O trabalho escravo é apenas uma das formas de violência relacionadas ao Agronegócio. A CPT registrou ainda despejos, destruição de casas, roças e pertences, intimidações armadas, falsificação de documentos de propriedade e invasões como maneiras de expulsar os camponeses, indígenas e quilombolas e se apropriar das suas terras. Segundo a pesquisa, em 2023, foram registradas 15.088 ocorrências de conflitos sociais no campo e 31 assassinatos ligados a questões fundiárias ou ambientais.

## Agressões ao meio ambiente

Para avançar, o Agronegócio precisa destruir a natureza, especialmente as florestas. Para se ter ideia desse impacto no desmatamento, em 1985, o Brasil era 75% coberto por florestas e formações naturais. Em 2022, o índice ficou em 64%. Mais de 600 municípios deixaram de ter predomínio de áreas naturais e o país perdeu 96 milhões de hectares de flora original, o que equivale a 2,5 vezes o tamanho da Alemanha. O Cerrado e o Pampa foram os biomas que mais perderam área nativa no período analisado, respectivamente 25% e 24%. No primeiro caso, as atividades agropecuárias ocupam 50% do território. Já no Pampa, elas aumentaram de 29% em 1985 para 44% no início dos anos de 2020.

No caso do Cerrado, segundo maior bioma do país, metade dos 2 milhões de $km^2$ da sua cobertura original já foi destruída para dar lugar à soja e à pecuária. Como a soja tem raízes curtas, o solo fica compactado, não absorvendo a água da chuva e deixando de alimentar os aquíferos. Das 12 regiões hidrográficas do país, oito nascem ali. É do Cerrado que partem as águas que alimentam as bacias do Rio São Francisco, do Rio Paraná e do Araguaia-Tocantins. Assim, o desmatamento no Cerrado também desabastece populações de outras regiões. Além disso, a captação de água para irrigar essas lavouras também aumenta a escassez.

Quando um bioma é devastado para dar lugar a uma lavoura agrícola, todo o ecossistema é atingido, com mudanças físicas, químicas e biológicas no solo. Quando as árvores dão lugar à pastagem e ao gado, há mais consequências, como a compactação ou a erosão do solo. Nas áreas degradadas ocorreram altas taxas de perda de solo e água, com redução da capacidade do solo de armazenar carbono, nutrientes e água, e as culturas são mais vulneráveis aos ataques de pragas, doenças e plantas invasoras. Como resposta, o Agronegócio aumenta a quantidade de agrotóxicos aplicados ou aumenta o desmatamento em busca de novas terras.

Segundo o Observatório do Clima, a derrubada de mata nativa foi o principal fator de emissão de gases de efeito estufa em 2020, respondendo por 46% do total emitido na atmosfera do país. A consequência do desmatamento chega às nossas cidades pelo aquecimento climático. De janeiro de 2019 a outubro de 2023, 2.232 cidades decretaram estado de emergência, causado por tempestades, alagamentos, inundações e enxurradas. Em 2024, o Rio Grande do Sul foi castigado pelas cheias dos rios, que inundaram campos e cidades. Mais de 90% do território gaúcho foi atingido, com enchentes e deslizamentos de terras, centenas de pessoas mortas, milhares de desabrigadas, agricultura e pecuária duramente atingidas e infraestrutura destruída. Estimativas informam que o estado precisará de pelo menos 2 anos para se reconstruir ao custo de R$ 160 bilhões.

Nas pesquisas sobre a emissão de monóxido de carbono, o principal causador do efeito estufa, nota-se que nos estados onde a economia principal é o Agronegócio o volume de emissão supera o de um estado altamente industrializado como São Paulo.

Além do desmatamento, o Agronegócio e as grandes fazendas não cumprem com suas obrigações legais previstas no Código Florestal, que estabelece que todas as propriedades agrícolas devem preservar uma reserva de mata nativa proporcional à sua área. Segundo o Observatório do Código Florestal, são 16,3 milhões de hectares, o equivalente aos territórios da Grécia e da Bélgica somados, que não foram reflorestados ou preservados em áreas do Agronegócio.

A agricultura e a pecuária precisam de quase 700 litros de água para gerar R$ 1. O consumo de água por esses empreendimentos gera seca e má distribuição desse bem comum da natureza nos municípios onde estão instalados, privando pequenos agricultores do acesso à água. A água extraída do nosso solo também é enviada para fora do país na forma de carne ou grãos que se utilizaram dela.

Assim como a produção, a destruição ambiental também é financiada pelo capital financeiro. Segundo estudo da Coalizão Florestas & Finanças, que é uma associação internacional de empresas de pesquisa, entre janeiro de 2016 e setembro de 2023 instituições financeiras brasileiras injetaram US$ 127 bilhões em empresas com histórico de violações socioambientais na produção de carne bovina, soja, óleo de palma, celulose e papel, borracha e madeira.

## Venenos

Outra consequência da expansão do Agronegócio é o uso intensivo de agrotóxicos.

Como já vimos, a produção em grande escala de monocultura desequilibra o meio ambiente, empobrece o solo, destrói a biodiversidade e atrai muitas pragas e doenças para as plantas. Para resolver esse problema, em vez de buscar o reequilíbrio do empreendimento com a natureza, o Agronegócio utiliza grandes quantidades de agrotóxicos para controlar essas ameaças. O resultado é um desastre: os venenos destroem ainda mais a biodiversidade e elimina também as reações da própria natureza que poderiam controlar ou impedir essas pragas. Com o tempo, as ameaças se tornam resistentes aos agrotóxicos, o que exige venenos mais fortes ou em maior quantidade. E todos esses químicos acabam contaminando as águas, o solo e a comida.

Hoje o Brasil é o maior consumidor de venenos agrícolas do mundo, com um consumo recorde de 130 mil toneladas em 2023. Em 12 anos, entre 2011 e 2023, o uso de agrotóxicos aumentou em 87%. Mais da metade do volume total, 54%, é destinada para a soja. E os cultivos de soja, cana-de-açúcar, milho e algodão, juntos, consomem 83% dos agrotóxicos comercializados no país.

Para que se faça uma avaliação do quanto esses produtos são nocivos à saúde das pessoas e ao meio ambiente, basta considerar que entre os dez agrotóxicos mais vendidos no país em 2021, quatro são proibidos na União Europeia.

Os impactos para a saúde estão registrados: num intervalo de apenas 9 anos, de 2010 a 2019, mais de 56 mil pessoas foram intoxicadas com agrotóxicos no Brasil, uma média de quinze casos por dia. Nesse mesmo período foram contabilizadas as intoxicações de 542 bebês e 293 gestantes. Os venenos estão presentes também na água. A estimativa é de que para cada US$ 1 gasto pelo Agronegócio na compra de agrotóxicos, o sistema de saúde brasileiro vai desembolsar US$ 1,28 com tratamentos para intoxicação.

## Os estabelecimentos agrícolas

Ao longo dos séculos, a agricultura brasileira se desenvolveu com base nas grandes propriedades de terra, o latifúndio, com a produção de monocultura voltada para exportação. Mas, ao mesmo tempo, se formou uma agricultura praticada por camponeses, pequenos agricultores, que empregam principalmente mão de obra familiar, com produção diversificada para atender ao mercado interno do Brasil. São duas formas distintas de pensar e organizar a agricultura e duas maneiras diferentes de destinar as riquezas do nosso solo e da nossa natureza.

Analisando os dados gerais da agricultura e do uso da terra no Brasil, é possível visualizar as características desses dois modelos e refletir sobre as consequências. Uma ferramenta importante para essa análise são os dados do Censo Agropecuário do IBGE, realizado em 2017 (IBGE, 2019). Essa é a pesquisa estatística mais abrangente sobre a terra e agricultura no país. Como ela é realizada periodicamente, desde 1920, nos permite comparar com os censos anteriores para entendermos que transformações ocorreram no país no período entre as pesquisas.

A medida básica do Censo Agropecuário do IBGE são os estabelecimentos agrícolas. Um estabelecimento pode ser uma fazenda, uma chácara ou um assentamento da Reforma Agrária, por exemplo. O estabelecimento agrícola não leva em conta a situação jurídica da terra, se ela é uma propriedade legal ou se quem trabalha nela não tem o título de propriedade. Dessa forma, o censo se diferencia de outro índice que considera a propriedade da terra, documentada no cadastro de terras do Instituto Nacional de Colonização e Reforma Agrária (Incra). Para o Incra, a unidade básica dos dados são os imóveis rurais. Nesse caso, o que interessa é a documentação legal, a comprovação da propriedade da terra. Uma unidade de produção, como uma fazenda, pode ser formada por vários imóveis. Cada imóvel rural tem uma matrícula, um registro no cartório de imóveis.

A partir do censo de 2017 o IBGE constatou que o Brasil tem mais de 351 milhões de hectares utilizados em estabelecimentos agrícolas. Isso equivale a 41,3% de todo o território do país.

A primeira constatação do censo, comparando com a pesquisa anterior, é que a quantidade de hectares utilizados pelos estabelecimentos aumentou em 5% em 11 anos – ou seja, terras que estavam ocupadas por florestas ou que não eram utilizadas para a agricultura e que foram transformadas em lavouras ou pastagens. Isso totaliza 17,6 milhões de hectares a mais.

## O tamanho das propriedades

Esses estabelecimentos agrícolas são classificados de acordo com a área ocupada, isto é, quantos hectares cada um utiliza. Para entender os dados do censo é útil recorrer à classificação utilizada pelo Incra. A unidade básica de medida para essa instituição são os módulos fiscais, que correspondem à área mínima necessária para que a exploração de uma propriedade rural seja economicamente viável. Como a rentabilidade depende de diversos fatores, sejam eles naturais ou não (como a tecnologia disponível), essa medida pode ser variável de um município para outro, e de um estado para outro. Se no Rio Grande do Sul a medida é, em média, 20 hectares, no Acre varia de 50 a 100 hectares. Também são levados em conta o tipo de exploração – hortifrutigranjeira, cultura permanente, cultura temporária, pecuária ou florestal – e a renda obtida com essa exploração, além de outras explorações agrícolas presentes no local.

A partir disso, o Incra classifica os estabelecimentos em três categorias: pequenas propriedades, entre um e quatro módulos fiscais, o que significa 100 hectares no máximo; médias propriedades, entre quatro e 15 módulos fiscais; e grandes propriedades, aquelas que ultrapassam os 15 módulos fiscais, ou seja, 15 vezes a quantidade mínima de terra de uma região para uma família sobreviver.

Cerca de 77% dos estabelecimentos são pequenas propriedades, trabalhadas principalmente pela mão de obra familiar, que cultiva 23% das terras do país destinadas à agricultura. Por sua vez, os estabelecimentos com mais de 1.000 hectares ocupam 48% de toda a área agrícola, mas são apenas 1% do número de proprietários.

O censo revelou também que diminuiu o número de pequenas propriedades. Ou seja, há menos proprietários, mesmo com mais terras disponíveis. Analisando detalhadamente, verifica-se que são mais de 468 mil unidades de agricultura familiar que desapareceram, uma redução de 10,7%. Com o avanço do latifúndio, foram milhares de pequenos agricultores que deixaram suas terras para tentar a vida nas cidades ou que foram obrigados a trabalhar para os grandes fazendeiros.

O Nordeste foi a região que perdeu mais agricultores familiares em números totais, com a extinção de 348 mil pequenas propriedades. O Maranhão foi o estado que apresentou a maior redução no número de estabelecimentos de agricultura familiar, com uma queda de 34,1%. Juntando com os dados do desmatamento, fica evidente o segredo para a expansão do Agronegócio naquela região: expulsar os pequenos e destruir as florestas e o Cerrado. Quando observamos os dados sobre as novas terras incorporadas à agricultura, vemos que 17 milhões de hectares foram absorvidos pelas grandes propriedades.

Em números relativos, foi a Região Sul quem teve a maior redução do número de pequenas propriedades, perdendo 21,6% dos pequenos estabelecimentos, cerca de 1,6 milhão de hectares. A maior parte deles foi para as mãos dos grandes proprietários.

Os estados do Centro-Oeste, onde a soja e o gado avançam sem limites, são justamente aqueles que têm o menor número de pequenos agricultores, com menos de 4% dos estabelecimentos no Mato Grosso do Sul; menos de 10% no Mato Grosso; e cerca de 14% em Goiás.

Esses dados comprovam que a concentração de terra aumentou num período de 11 anos: as grandes propriedades do Agronegócio incorporaram milhões de hectares que eram de pequenos agricultores ou de mata nativa, tornando a distribuição das terras ainda mais desigual.

Para medir a desigualdade agrária e a falta de democratização da terra, todos os países utilizam como referência o Índice de Gini, nome adotado em homenagem ao seu criador, o italiano Conrado Gini. Seu método é empregado para medir tanto a desigualdade de renda quanto a concentração de terras. O sistema vai de 0 a 1. Quanto mais próxima do número 0, mais igualitária é a sociedade; quanto mais perto do 1, mais grave é a situação de desigualdade naquele país.

No Censo Agropecuário, o Índice de Gini alcançou a média de 0,867 ponto, patamar mais elevado dos últimos anos, superando as marcas dos anos anteriores: 0,854 (2006), 0,856 (1995-1996) e 0,857 (1985). O maior grau de desigualdade foi registrado no Maranhão, onde o Índice atingiu 0,888 em 2017.

## Terras de estrangeiros

Existe uma informação importante que não consta no Censo Agropecuário de 2017: a quantidade de estrangeiros que são proprietários de terras no Brasil. Segundo o Incra, mais de 25 mil estabelecimentos e quase 4 milhões de hectares são propriedades de estrangeiros no país. Uma área maior do que o Estado de Alagoas, ou superior à soma das áreas cultivadas de arroz e feijão em todo o país. A maior parte dessas áreas é destinada ao reflorestamento, à pecuária e a lavouras permanentes. A liderança dos estabelecimentos de reflorestação se deve ao plantio de árvores para exploração comercial, como eucalipto para a produção de celulose – portanto, também uma *commodity* –, e para a venda de títulos no mercado de carbono – quando uma empresa "compra" o direito de poluir se compensar com o plantio de árvores.

Esses dados se referem apenas às terras compradas legalmente. Não há empecilhos para que um estrangeiro compre terras no Brasil, mas existe um conjunto de exigências. Como os dados do Incra são autodeclarados – quando os próprios donos forneceram as informações –, o número de hectares e de proprietários pode ser muito maior, como nos casos em que fazendeiros brasileiros são usados como "laranjas", denominação dada àqueles indivíduos que só emprestam o nome para o registro das terras em cartório, enquanto o verdadeiro dono – aquele que adquiriu as terras – protege a sua propriedade por meio de documento privado.

## Como usam a terra

Para classificar o uso da terra, o IBGE divide a utilização das áreas agrícolas em lavouras temporárias e lavouras permanentes.

As temporárias têm curta ou média duração e ciclo vegetativo geralmente inferior a um ano. Além disso, depois da colheita, as culturas devem ser plantadas novamente para resultarem numa nova safra. É o caso da soja, do milho, do feijão, do arroz e de outros cereais.

Já as lavouras permanentes são aquelas que rendem colheitas sucessivas e em que as plantas permanecem fixadas no solo, como frutas, café, algodão.

O IBGE ainda registra as áreas de matas naturais ou plantadas e de pastagens, também divididas entre as que já estavam na natureza e aquelas que foram plantadas pelo ser humano.

Os dados científicos do censo funcionam como uma fotografia da situação que temos descrito. Houve uma redução em 34% da área utilizada para lavouras permanentes e um acréscimo de 14% naquela destinada a lavouras temporárias. Ou seja, pomares e cafezais deram lugar às culturas com mais demandas no mercado mundial, como a soja. Essas lavouras permanentes também podem ter sido substituídas por pasto para o gado.

Além delas, as pastagens naturais também foram reduzidas em 18% e houve um crescimento das pastagens plantadas em 10%. O censo registrou ainda um crescimento das matas e/ou florestas naturais destinadas à preservação permanente ou reserva legal. Mas o próprio IBGE adverte que essas áreas também podem ser usadas para lavouras e pastoreio de animais.

Quando apuramos o valor do que foi produzido na agricultura, também fica evidente esse direcionamento para os produtos mais aceitos no mercado mundial. O valor bruto da produção das lavouras temporárias alcançou R$ 237 bilhões, o que corresponde a 77% de todo o valor pela produção vegetal. As lavouras permanentes eram responsáveis por apenas 13% e o restante se dividiu em silvicultura, que é o plantio de árvores para a comercialização da madeira (5,7%); horticultura (2,8%); extração vegetal (0,7%); e floricultura (0,6%).

Já na produção animal, os animais de grande porte, principalmente o rebanho bovino, concentram 70% do valor produzido. Bem atrás vem a produção de aves, com 19% dos valores produzidos. A pecuária é a atividade principal de cerca de 49% dos estabelecimentos rurais, mas são as lavouras temporárias que concentram 50% do valor produzido na agropecuária.

Esse processo de pouca diversificação da produção, concentrada na destinação ao mercado internacional, pode ser observado também quando analisamos os dados por cultura. Comparando os dados de 2006 e 2017, nessa janela de apenas 11 anos, a soja aumentou sua produção em 123%, alcançando 103 milhões de toneladas em 31 milhões de hectares. Por outro lado, o arroz, que chegou a ocupar 5 milhões de hectares em 1985, atualmente tem a sua área reduzida em 1,7 milhão. E o feijão, que naquele mesmo ano era produzido em quase 6 milhões de hectares, agora ocupa menos de 2 milhões de hectares.

A pecuária vem numa crescente. Em 1940, o rebanho bovino brasileiro somava 34 milhões de cabeças de gado; porém, década após década, esse plantel foi aumentando até ultrapassar as 100 milhões de cabeças em 1975 e, em 2017, eram 172,7 milhões de animais.

O Agronegócio também se apresenta como "*tech*", tecnológico. Mas os números do censo revelam que apenas 14% de todos os estabelecimentos tinham tratores. E destes, 44,7% pertenciam a agricultores familiares.

## Quem trabalha na terra

O Censo Agropecuário não apresenta dados apenas sobre a produção ou a propriedade da terra, mas também sobre os agricultores. Segundo os dados, em 2017, 15,1 milhões de pessoas trabalhavam na agricultura. Comparando com o censo anterior, houve uma queda de 8,8% na quantidade de trabalhadores atuando na agropecuária.

Comparando com os dados gerais da população brasileira, o número de habitantes das áreas rurais também caiu. Entre 2006 e 2017, mesmo com a população brasileira crescendo em 20 milhões de pessoas, 3,2 milhões deixaram o campo. A população rural era 39,3% da população total em 1975; em 2006, era menos de 17%.

Analisando o número de pessoas ocupadas na agricultura, podemos calcular que, em média, cada estabelecimento agrícola é responsável por três empregos. No entanto, quando abrimos esses dados e analisamos a relação do trabalhador com o dono da terra, se é empregado ou se tem laços familiares, percebemos que, na verdade, é a agricultura familiar que gera mais empregos, concentrando 67% de todo o pessoal ocupado. Na agricultura familiar são ocupadas 12,5 pessoas a cada 100 hectares, enquanto nas grandes propriedades são menos de duas pessoas na mesma área.

E é justamente na agricultura familiar que tem diminuído o número de trabalhadores. Como vimos, muitas pequenas propriedades desapareceram, sendo incorporadas por grandes fazendas. E o número de trabalhadores na agricultura familiar, entre 2006 e 2017, diminuiu 18%. Ainda assim, esse modelo de atividade ocupa 81 milhões de hectares e emprega 10 milhões de pessoas, representando 77% dos estabelecimentos agrícolas – o problema é que se distribuem por meros 23% da área total destinada ao cultivo.

Mesmo sem contar com os subsídios federais oferecidos aos latifundiários, a agricultura familiar responde com 23% da produção e gera R$ 107 bilhões. Comparando a rentabilidade, identificamos que a cada 100 hectares o Agronegócio produz R$ 133, enquanto a agricultura familiar alcança R$ 132, gerando mais empregos e agredindo menos o meio ambiente.

## Homens e mulheres do campo

Com a concentração fundiária e a crescente mecanização, o campo vai se tornando um deserto humano. Cada vez menos pessoas vivem e trabalham no campo. E as casas, pessoas e lavouras vão dando lugar a lavouras sem fim de um mesmo produto.

A alternativa para a maioria daqueles que perdem o posto de trabalho no campo é migrar para as cidades. Em razão da falta de recursos, acomodam-se nas periferias carentes de infraestrutura, bairros onde faltam ruas pavimentadas e iluminadas, água tratada, captação de esgoto, escolas e hospitais públicos, segurança e transportes coletivos eficientes. Essa situação atinge diretamente o Sistema Único de Saúde (SUS), que é um dos mais importantes pilares da rede de seguridade social.

Outro dado social preocupante é o acesso da população rural à educação. Segundo o IBGE, 73% do total de produtores rurais têm, no máximo, o Ensino Fundamental. Destes, 15% declararam que nunca frequentaram escola e 14% frequentaram até o nível de alfabetização. Além disso, 23% dos entrevistados declararam não saber ler e escrever.

Com baixo nível de instrução, os migrantes vindos do campo somente conseguem empregos malremunerados e quase sempre em condições precárias.

A solução para esse grave problema está em apoiar os trabalhadores rurais, oferecendo a eles oportunidades de trabalho e estudo nas áreas rurais, bem como equipamentos sociais (espaços de lazer, atividades culturais, médicos, transportes, comércio, tecnologia, entre outros recursos), para que permaneçam no campo, morando com dignidade e tirando seu sustento de atividades ligadas àquele meio.

Além disso, como o campo é um espaço majoritariamente masculino – 81% dos produtores são homens e apenas 19% são mulheres – e essa população envelheceu, pois os agricultores com mais de 45 anos já representam mais de 70% dos camponeses, também é preciso observar as necessidades específicas das mulheres e de pessoas com mais idade.

## Um velho fantasma: a fome

Quando fazemos o raio-x da agricultura brasileira temos acesso a muitos dados e informações. Mas os números por si sós não dizem nada se não forem usados para conhecer a realidade, entender as causas dos problemas e visualizar soluções.

A resposta está em cima da mesa. Nos nossos pratos. Como vimos até aqui, a agricultura brasileira tem muitas terras, é muito produtiva e muito lucrativa. Mas a maior parte do que as grandes fazendas produzem não fica aqui. Em muitos casos, como ocorre com a soja, sequer vira comida para seres humanos. Usam nossas terras, nossa água, nossas sementes e transformam o produto em ração para animais ou combustível. Como ganham muito dinheiro com esses produtos, especialmente com os grãos e a cana-de-açúcar, outros fazendeiros e agricultores familiares são estimulados a deixarem de produzir comida para também lucrarem com vegetais transformados em ração e combustível.

Os fazendeiros não hesitam em exportar e receber em dólares, em vez de vender no mercado interno e receber em real, uma moeda de menor valor. A comida que fica é a pior, porque é o resto que não interessa ao exterior, e ainda por cima carregada de agrotóxicos.

Agravando essa situação temos episódios de extremos climáticos, causando secas ou chuvas avassaladoras como aconteceu no Norte e no Sul do país.

Com a pandemia de covid-19 e a desorganização da economia mundial, todos os produtos, incluindo os alimentos, ficaram mais caros. De novo, os fazendeiros não pensaram duas vezes em vender para quem pagasse mais. E, com isso, como demonstram os dados, ficaram mais ricos do que nunca, aplicando a Lei da Oferta e Procura, que é um dos fundamentos do capitalismo liberal. Essa proposição afirma o seguinte: se a oferta é pequena e a procura é grande, maior será o valor da mercadoria. Considerando o aspecto ético da economia, fica a pergunta: essa lei deve ser aplicada aos alimentos e em situações como uma pandemia?

O resultado foi o aumento da fome em todo o mundo. Segundo dados de 2021 publicados pela Organização das Nações Unidas

(ONU), numa população estimada em mais de 8 bilhões de pessoas, cerca de 828 milhões consomem uma quantidade de alimentos muito abaixo do mínimo necessário, que é de 2 mil a 2,4 mil calorias por dia, mesclando fibras, proteínas e carboidratos.

O que aconteceu no Brasil não foi diferente. Depois de anos alcançando resultados positivos no combate à fome, com mobilizações da sociedade civil e políticas públicas, o país voltou para o Mapa da Fome criado pela ONU para apontar populações em situação de insegurança alimentar, sem garantias de consumir a quantidade mínima de alimentos todos os dias.

Os pesquisadores consideram três tipos de fome: a fome leve, que ocorre quando a família é obrigada a trocar um alimento saudável por outro, de qualidade inferior – por exemplo, quando a renda de uma família cai e ela substitui a carne por salsicha, um embutido cheio de conservantes químicos e produzido com o que sobra das carnes de aves, suínos e bovinos, tudo misturado; a fome moderada, quando faltam alimentos em casa e as pessoas precisam deixar de fazer uma das refeições; e a fome grave, quando a pessoa não tem o que comer.

A fome leve e a moderada causam a subnutrição, que debilita o organismo, afeta a sua resistência e facilita as doenças; a fome grave caracteriza a desnutrição, que compromete o desenvolvimento do organismo e pode levar à morte. Em 2022, apenas quatro em cada dez casas tinham acesso pleno às refeições.

A Rede Brasileira de Pesquisa em Soberania e Segurança Alimentar e Nutricional (Rede Penssan), que reúne instituições e pesquisadores para produção e compartilhamento de dados sobre esse tema, realizou o Inquérito Nacional sobre Insegurança Alimentar no Contexto da Pandemia da Covid-19 no Brasil e constatou que 125,2 milhões de brasileiros viviam com algum grau de insegurança alimentar. A pesquisa revelou ainda que a situação era mais grave no campo. Nas áreas rurais, a insegurança alimentar esteve presente em mais de 60% dos domicílios.

Com o fim da pandemia e o retorno de algumas políticas públicas, a situação melhorou um pouco. Segundo o Instituto Fome Zero, em 2023, cerca de 13 milhões de brasileiros conseguiram sair da situação de insegurança alimentar. Para o instituto, a geração de empregos nas cidades e a queda no preço dos alimentos foram os dois principais fatores que ajudaram a reduzir o número de famintos. Ainda assim, são 8 milhões de brasileiros que permanecem em condição de insegurança alimentar grave.

Quando pensamos em todos esses problemas e desafios da sociedade brasileira – produzir alimentos, abastecer a população, reduzir o desemprego, proteger a natureza, diminuir o aquecimento global e distribuir melhor a riqueza –, parece que são necessárias muitas políticas e ações, que demandariam muito tempo. Mas existe uma medida testada em vários países do mundo com sucesso e que é capaz de acelerar esses processos e produzir resultados rapidamente. Trata-se da Reforma Agrária.

**SAIBA+**

- *O mundo segundo a Monsanto* (França/Canadá/Alemanha, 2007, direção de Marie-Monique Robin). Nesse documentário são investigados os métodos de uma grande corporação do Agronegócio mundial, incluindo a corrupção de governos e recursos milionários de propaganda para colocar produtos tóxicos no mercado alimentício.
- A série de reportagens *Cerrado loteado*, de Jéssica Maes e do repórter fotográfico Lalo de Almeida, feita para o Portal UOL, demonstra como a ação do Agronegócio tem transformado a savana com maior biodiversidade do planeta, ameaçando o abastecimento de água e empobrecendo o solo, além de expulsar pequenos agricultores e comunidades tradicionais.

# Os caminhos da Reforma Agrária

## A Reforma Agrária e as leis

Quando analisamos as dez maiores economias do mundo, notamos que apenas dois países, a Índia e o Brasil, não realizaram Reforma Agrária. Em todos os demais, e em muitos outros, a Reforma Agrária foi uma condição para alavancar o crescimento econômico. Essa é uma política que permite democratizar o acesso à terra – e, portanto, democratizar a própria sociedade, aumentar a produtividade e o emprego agrícola e proteger o país da insegurança alimentar, com menor dependência do comércio mundial.

Como já vimos, o Brasil perdeu pelo menos três oportunidades históricas de promover essa mudança: quando aboliu a escravatura e não facilitou o acesso à terra aos ex-cativos; quando decidiu estimular a sua indústria nas décadas de 1940 e 1950; e quando o Presidente João Goulart propôs as reformas de base e foi deposto por um golpe civil-militar.

A Constituição de 1988 poderia ter "acertado as contas" com o passado, quando estabeleceu as bases de funcionamento do Estado e da sociedade brasileira sob os marcos da redemocratização. A luta de camponeses, sindicalistas e partidos progressistas conseguiu incluir na Constituição alguns dos princípios que já estavam presentes no Estatuto da Terra e que ficaram consolidados desta forma na lei:

> Art. 184. Compete à União desapropriar por interesse social, para fins de Reforma Agrária, o imóvel rural que não esteja cumprindo sua função social, mediante

> prévia e justa indenização em títulos da dívida agrária, com cláusula de preservação do valor real, resgatáveis no prazo de até vinte anos, a partir do segundo ano de sua emissão, e cuja utilização será definida em lei.
>
> [...]
>
> § 1º As benfeitorias úteis e necessárias serão indenizadas em dinheiro.
>
> § 2º O decreto que declarar o imóvel como de interesse social, para fins de Reforma Agrária, autoriza a União a propor a ação de desapropriação.

O que isso significa? Em primeiro lugar, que todo imóvel rural deve cumprir sua função social. Os critérios que definem se uma propriedade de terra cumpre ou não essa função estão descritos em outro artigo:

> Art. 186. A função social é cumprida quando a propriedade rural atende, simultaneamente, segundo critérios e graus de exigência estabelecidos em lei, aos seguintes requisitos:
>
> I – aproveitamento racional e adequado;
>
> II – utilização adequada dos recursos naturais disponíveis e preservação do meio ambiente;
>
> III – observância das disposições que regulam as relações de trabalho;
>
> IV – exploração que favoreça o bem-estar dos proprietários e dos trabalhadores.

Em outras palavras, está de acordo com a lei aquela propriedade rural que respeita os trabalhadores, as trabalhadoras e a natureza, que é explorada de forma adequada e cujo objetivo é o bem-estar da sociedade.

A Lei Agrária de 1993 estabelece ainda que pequenas e médias propriedades não devem ser desapropriadas, assim como as grandes propriedades produtivas. Somente as grandes áreas improdutivas, que estão abaixo da média de produtividade da sua região e não cumprem a função social, podem ser objeto da Reforma Agrária.

Portanto, o alvo da Reforma Agrária são aquelas grandes propriedades que não protegem a natureza – ao contrário, destroem para crescer e não respeitam os direitos trabalhistas –, tratam mal os trabalhadores e não exploram a terra de forma adequada, porque a terra não é destinada nem ao povo brasileiro nem à produção de alimentos.

É comum argumentar contra a Reforma Agrária afirmando que ela seria uma injustiça ao fazendeiro "que trabalhou a vida inteira e agora vai perder a sua terra". A primeira distribuição de terras no Brasil, com as sesmarias, não teve nada a ver com trabalho, mas com quem era "amigo do rei". Depois, com a Lei de Terras, só quem tinha dinheiro podia registrar sua terra, o que já excluiu milhares de camponeses que trabalhavam nas terras – e muitos, pela falta de documentação, tiveram suas terras roubadas pelos fazendeiros. A maior fazenda do Brasil tem 135 mil hectares e está localizada em Goiás. Sem considerar máquinas, benfeitorias – como galpões – e animais, ela deve valer pelo menos quase R$ 4 bilhões. É possível juntar um patrimônio com esse valor apenas com o suor do próprio trabalho?

A ideia de que grandes propriedades de terra tenham sido obtidas pelo trabalho não resiste a uma simulação simples. Em março de 2024, no Brasil, o salário-mínimo era R$ 1.412. Já o preço médio de um hectare de terra, em 2023, era R$ 55 mil. Essa é uma média dos preços nas diferentes regiões do país. No Paraná, por exemplo, o preço podia alcançar R$ 66 mil e em São Paulo R$ 56 mil. O menor preço de um hectare de terra era no Amapá, R$ 1.743 por hectare. Segundo o Incra, para que um agricultor consiga produzir o suficiente para o seu sustento nesse estado, ele precisa de pelo menos 70 hectares. Se um fazendeiro ganha dois salários-mínimos e decide comprar uma propriedade de 70 hectares no Amapá, ele vai precisar trabalhar 43 anos sem parar e sem gastar em nenhuma despesa para adquirir essa terra.

Dois parágrafos do artigo 184 dizem que se uma fazenda não cumpre sua função social ela pode ser desapropriada. O fazendeiro perde seu direito à propriedade, mas recebe do governo uma indenização pelo valor da área e pelas benfeitorias existentes na fazenda. É como se o governo comprasse a terra, mas por meio de uma ação judicial. E aquelas pessoas que viviam na fazenda e ali trabalhavam podem ser assentadas na área.

Outro caminho para aquisição de terras é a expropriação, quando o proprietário não recebe nenhuma indenização pelas terras. Segundo o artigo 243 da Constituição Federal, podem ser expropriadas as terras onde se utiliza do trabalho análogo à escravidão ou onde ocorre o cultivo de psicotrópicos, as drogas. Nesses dois casos, após a expropriação, as terras devem ser destinadas à Reforma Agrária. Porém há divergências dos juristas se esse artigo é autoaplicável ou se ele necessita de uma regulamentação específica de como a lei deve ser aplicada, o que ainda não existe. Com isso, muitos dos imóveis nessas condições não têm essa destinação porque a aplicação é questionada no Poder Judiciário, se arrastando por anos em exaustivas batalhas judiciais. Ainda no caso do narcotráfico, muitas propriedades estão registradas em nome de pessoas ou empresas "laranjas", falsos proprietários, e, outra vez, a comprovação de que elas pertencem aos narcotraficantes arrasta os processos indefinidamente. Ou seja, mesmo no caso do tráfico de drogas, a lei protege sempre o dono.

## Quem e como assentar

Assentamento é como se chama uma área que foi uma grande fazenda e depois foi desapropriada para que sua terra fosse distribuída entre os agricultores sem terra.

Pelo programa de Reforma Agrária podem ser assentados trabalhadores rurais que não têm terras ou que têm terras insuficientes para garantir a sua sobrevivência e a da sua família. Também podem ser assentados aqueles trabalhadores que não têm a posse legal das terras que ocupam (posseiros); os que trabalham em terras que não são de sua propriedade (assalariados); os que alugam terras para explorar (arrendatários); e os que trabalham em parceria com os proprietários de terras (parceiros). Lavradores que foram libertados de condição de trabalho análogo à escravidão, que precisam deixar suas terras por causa de alguma obra (como hidrelétricas) ou alguma catástrofe ambiental, também podem ser beneficiários da Reforma Agrária.

A lei proíbe que empresários, pessoas cuja renda principal não venha da agricultura, proprietários de terras, funcionários públicos e quem já tenha sido assentado anteriormente sejam beneficiários da Reforma Agrária. Para garantir o acesso à terra a quem realmente tem direito, o Incra realiza um cadastro e analisa a documentação de cada candidato.

Se considerarmos apenas o cadastro de estabelecimentos rurais do Censo Agropecuário de 2017, teríamos mais de 470 mil famílias que poderiam ser beneficiadas pela Reforma Agrária, considerando aquelas com acesso temporário ou precário à terra, como arrendatários (111 mil), parceiros (88 mil), comodatários (183 mil), ocupantes (83 mil), e cerca de 5,5 mil agricultores familiares sem área.

O MST utiliza uma classificação mais abrangente. Para esse movimento, além dos trabalhadores citados acima, também devem ser beneficiários da Reforma Agrária os minifundiários, proprietários de menos de 5 hectares, uma quantidade insuficiente para garantir a sobrevivência de uma família em qualquer região; jovens que não têm condições de permanecer nas terras dos pais ou que, dividindo com os irmãos, acessarão parcelas cada vez menores de terras; e trabalhadores rurais que vivem como assalariados temporários, como os "boias-frias" da lavoura de cana. Assim, esse número alcança até 4,5 milhões de famílias sem terra no Brasil.

Há terras para tantas famílias sem terra? A resposta é sim, pois existem muitas maneiras de obter essas terras. A primeira delas, como citado na Constituição, é a desapropriação. Após a vistoria de uma fazenda que os técnicos considerarem improdutiva, inicia-se um processo judicial para que o governo adquira essas terras e indenize o proprietário. Segundo os dados do Incra, em 2003, o Brasil tinha 58,3 mil grandes propriedades improdutivas, o que equivale a 133,8 milhões de hectares. Já o Atlas da Terra – Brasil, de 2015, elaborado pela Universidade de São Paulo (USP), indicava que 175,9 milhões de hectares são improdutivos no país.

Por que tamanha diferença? Porque os critérios utilizados pelo Incra para definir o que é uma propriedade produtiva datam de 1975, ou seja, estão defasados há mais de quatro décadas, sem considerar todos os avanços tecnológicos e agronômicos atuais. Por exemplo, no caso da soja, ainda se considera produtiva a propriedade em que são obtidos 1,2 mil quilos por hectare. Caso houvesse uma atualização, levando-se em conta a evolução dos meios e das técnicas de produção, o índice de produtividade iria para 3,5 mil quilos por hectare.

Há ainda outros caminhos que poderiam disponibilizar terras para a Reforma Agrária. Vejamos um exemplo: de acordo com o Incra, existem 729 pessoas físicas e jurídicas no Brasil que se declaram proprietárias de imóveis rurais que devem à União mais de R$ 50 milhões cada uma e que, mesmo tendo oportunidades e facilitações para renegociarem suas dúvidas, continuam inadimplentes. Em 2019 os valores dessa dívida alcançavam aproximadamente R$ 200 bilhões. Disponibilizar essas propriedades para o processo de Reforma Agrária permitiria assentar mais de 214 mil famílias.

**Assentamento em Eldorado do Sul, Rio Grande do Sul. Essa experiência tem se mostrado muito positiva, gerando riqueza e qualidade de vida. (Imagem de Tiago Gianechinni).**

Outro mecanismo seria assentar famílias em terras devolutas. O Estado tem terras para preservação ambiental, defesa das fronteiras, construções militares e das vias federais de transporte. Todas as terras públicas e que não se enquadram nos critérios acima são consideradas devolutas. Somadas, elas representam 23% das terras do território nacional. Porém, pela Constituição, cabe aos estados destinar essas terras. Como muitos desses governos estaduais não se sentem responsabilizados pela Reforma Agrária, já que essa é uma obrigação do Governo Federal, e, ao mesmo tempo, são mais suscetíveis à pressão do Agronegócio local, essa modalidade de Reforma Agrária não prospera.

Além das terras devolutas, há pelo menos 141 milhões de hectares – o que corresponde a ⅙ do território nacional – sem qualquer registro nos órgãos oficiais. Tanto o Censo Agropecuário quanto o Cadastro Rural do Incra dependem de que o próprio fazendeiro declare suas propriedades. Além de fraudes, porque o cadastro também é a base para a cobrança do Imposto Territorial Rural, é provável que muitas terras devolutas estejam sendo apropriadas por fazendeiros e não constem nesses dados.

## Extensão máxima

Para lidar com a questão agrária muitos países estabeleceram uma política de limite máximo da propriedade. Essa proposta considera que ninguém pode ter terras muito acima do necessário para produzir e sobreviver. Esse foi o caso do Japão e da Coreia do Sul, duas modernas potências capitalistas.

No Brasil, essa ideia esteve presente na elaboração do plano de governo de Tancredo Neves, em 1984. Mas Tancredo não chegou a assumir a presidência, e seu sucessor, José Sarney, abortou a proposta. Recentemente, movimentos sociais e estudiosos da questão agrária recuperaram a proposta e propuseram que ninguém deveria ter mais do que 35 módulos fiscais.

No Brasil, o módulo fiscal varia de acordo com região e estado, mas, em média, esse critério representaria algo como 175 hectares para propriedades mais próximas dos centros urbanos e cerca de 3.500 hectares para propriedades em lugares mais remotos.

Com toda a tecnologia disponível, ninguém deixará de lucrar com uma propriedade do tamanho de quase 4 mil campos de futebol, tampouco passará fome ou necessidade. Essa medida desapropriaria, na época da proposta, apenas 50 mil imóveis, o que corresponde a 2% dos imóveis rurais do Brasil, e disponibilizaria 200 milhões de hectares para a Reforma Agrária. Como explicou o Professor Paulo Alentejano, da Universidade Estadual do Rio de Janeiro (Uerj), a proposta não acabaria com as grandes propriedades no Brasil, apenas com as "gigantescas".

## Os movimentos populares do campo

O Estado brasileiro sempre teve muitos instrumentos para realizar a Reforma Agrária, mas todos esbarraram nos interesses dos grandes fazendeiros e, mais recentemente, do Agronegócio. Os entraves acontecem na burocracia, na falta de estrutura para executar as ações e na lentidão dos processos jurídicos. Por isso, para que a Reforma Agrária não se torne letra morta, são determinantes a organização e a mobilização da sociedade.

Uma das formas mais bem-sucedidas de participação política da sociedade são os movimentos sociais, que aglutinam até milhões de pessoas interessadas numa mesma causa ou questão social.

Enganam-se aqueles que pensam que os movimentos sociais são sempre progressistas, democratizantes, pois eles podem representar uma diversidade grande de opiniões. Existem movimentos que se identificam com ideias conservadoras, outros com ideias liberais, de "direita" ou de "esquerda", de empresários ou trabalhadores, e assim por diante. Nesse contexto, encontramos movimentos patronais rurais ou federações da agricultura que podem ser classificados como "movimentos sociais", mas contrários à Reforma Agrária.

A defesa da política de democratização do acesso à terra é feita pelos movimentos populares do campo. São organizações de camponeses, principalmente sem terra, que se formam para pressionar os governos a realizarem a redistribuição das terras que não cumprem sua função social.

As Ligas Camponesas e o Movimento de Agricultores Sem Terra, ambos da década de 1960, são exemplos de movimentos populares do campo que lutaram pela Reforma Agrária. A maior parte desses movimentos teve vida curta em virtude da repressão política e policial dos governos contrários à Reforma Agrária ou da ação de milícias e pistoleiros a serviço dos grandes proprietários.

O MST é o maior e mais longevo movimento popular da história do país e um dos maiores de todo o mundo. Esse movimento foi oficialmente criado em 1984. Porém sua história começa no fim da década de 1970, quando a Ditadura empresarial-militar se enfraquecia tanto em consequência da crise econômica internacional e de derrotas em eleições internas quanto em razão do surgimento de novos movimentos populares, como as greves operárias, as manifestações das mulheres contra o custo de vida, a luta pela volta dos exilados políticos e por democracia, entre muitos outros.

Se por um lado o MST é resultado das contradições internas do próprio modelo de modernização implementado pela Ditadura, que acentuou o êxodo rural em virtude da mecanização e do uso intensivo de agrotóxicos, além de concentrar o financiamento do crédito rural nas mãos de grandes proprietários, por outro, o movimento também é resultado da mobilização do conjunto da sociedade.

Dessa forma, as ocupações de terras, um método de luta e organização dos camponeses de inúmeros países, que estavam interrompidas pela repressão da Ditadura, foram retomadas em 1979, no Rio Grande do Sul, no feriado de 7 de setembro, quando camponeses sem terra ocuparam os latifúndios das granjas Macali e Brilhante. O governo tentou convencê-los a tomarem o caminho dos projetos de colonização no Centro-Oeste e na Amazônia, onde seriam abandonados em áreas sem infraestrutura. Mas os sem-terra resistiram e conquistaram o assentamento das famílias. Os assentamentos e a desapropriação dos latifúndios já eram previstos pelo Estatuto da Terra desde 1964, mas só foram efetivados quando houve uma mobilização popular para pressionar o governo a cumpri-los.

O mesmo ocorreu com os sem-terra de Santa Catarina, onde os camponeses ocuparam a fazenda Burro Branco no município de Campo Erê, em 1980. Ainda naquele ano, no Paraná, mais de 10 mil famílias que tiveram suas terras inundadas pela construção da barragem de Itaipu, recebendo apenas uma pequena indenização, decidiram lutar pelo seu direito ao reassentamento. Em São Paulo aconteceu também nesse período a luta dos posseiros da Fazenda Primavera nos municípios de Andradina, Castilho e Nova Independência. No Mato Grosso do Sul, os trabalhadores arrendatários travavam uma intensa luta pela resistência na terra. Outras lutas ainda ocorreram em outros estados, como Bahia, Rio de Janeiro e Goiás. Todos esses conflitos combinaram diferentes formas de lutas, mas as ocupações de terras eram as mais frequentes e eficientes entre elas.

Ocupar o latifúndio era a maneira de demonstrar tanto a existência das grandes propriedades improdutivas como a própria existência de milhares de camponeses dispostos a trabalhar na terra, em vez de deixarem o campo e engrossarem as periferias das cidades.

## A Igreja e a terra

Durante muitos séculos a Igreja Católica foi proprietária de grandes extensões de terra. A acumulação de riquezas era justificada como necessária para propagar o Evangelho.

No entanto, esse argumento foi fortemente contestado diversas vezes por seus seguidores e até sacerdotes. Nos anos de 1200, por exemplo, o italiano Giovanni di Bernardone, futuro São Francisco de Assis, propôs a criação de uma ordem religiosa baseada num estilo de vida simples e oração constante. Nos séculos seguintes, o inglês John Wycliffe, o tcheco Jan Huss e o alemão Martinho Lutero, sacerdotes e teólogos, criticaram a riqueza da Igreja e defenderam uma prática religiosa com menos ostentação e mais espiritualidade. Desses movimentos resultou a Reforma Protestante, que criou novas religiões cristãs.

Em 1962, liderados pelo Papa João XXIII, os bispos católicos se reuniram no Concílio Vaticano II e definiram que a Igreja deveria se aproximar mais dos seus fiéis, sobretudo daqueles que passavam por privações materiais e injustiças.

Os resultados desse concílio levaram à formação da Teologia da Libertação, uma doutrina que considera dever dos católicos se engajar na luta contra a opressão dos mais desamparados. Entre os expoentes dessa corrente teológica estão os teólogos Gustavo Gutiérrez, peruano, e Leonardo Boff, brasileiro. Foi nesse contexto que, em 1975, se formou a Comissão Pastoral da Terra, por meio da qual muitos padres, freiras e agentes pastorais se envolveram com a organização e proteção de agricultores, denunciando as agressões sofridas e as ameaças de pistoleiros a serviço dos latifundiários.

Diversos deles pagaram com a vida por esse envolvimento. O padre jesuíta João Bosco Penido Burnier foi assassinado em 1976 por um soldado em Ribeirão Cascalheira, Mato Grosso, quando defendia duas agricultoras; o frade franciscano Josimo Tavares foi assassinado por pistoleiros em 1986, na escadaria da Mitra Diocesana de Imperatriz, no Maranhão, onde funcionava o escritório local da Comissão. Poucos dias antes, já sabendo que sua morte estava encomendada pelos latifundiários, Josimo escreveu uma carta-testamento, na qual afirmava: "A minha vida nada vale em vista da morte de tantos pais lavradores assassinados, violentados e despejados de suas terras. Deixando mulheres e filhos abandonados, sem carinho, sem pão e sem lar. É hora de se levantar e fazer a diferença! Morro por uma causa justa".

Entre os muitos religiosos que pereceram na defesa do direito dos pobres ao acesso à terra há também uma mulher, Dorothy Mae Stang, da Congregação das Irmãs de Nossa Senhora, morta no ano de 2005 em Anapu, no Pará.

Algumas edições da Campanha da Fraternidade (CF) também estimularam muitos cristãos a se engajarem no apoio à distribuição justa das terras produtivas.

Desde 1964, a Conferência Nacional dos Bispos do Brasil (CNBB) passou a organizar anualmente as Campanhas da Fraternidade com o propósito de sensibilizar e mobilizar os seus seguidores, convidando-os a refletir sobre temas sociais e ambientais e a adotar ações de solidariedade concretas. Para cada campanha, a Igreja produz materiais e promove eventos temáticos. Em 1985, o lema da CF foi "Pão para quem tem fome", numa clara referência à necessidade urgente de atender às carências básicas dos mais pobres. Seu cartaz de propaganda foi impactante: uma foto mostrava uma família de famintos tendo diante de si uma cerca de arame farpado, como é comum acontecer nos latifúndios.

## Vitória sobre a repressão

Na década de 1980 ganhou muita atenção o acampamento na beira de estrada de trabalhadores sem terra na Encruzilhada Natalino, no Rio Grande do Sul. Eram agricultores que estiveram na Macali e na Brilhante e não foram assentados, mas estavam decididos a não esperar pelas promessas dos governos estadual e federal. Havia também agricultores motivados pelas conquistas e pela coragem dos que tinham promovido a ocupação anterior. A Encruzilhada era o ponto de encontro das estradas que levavam aos municípios de onde tinham vindo a maioria daqueles sem terra: Passo Fundo, Sarandi e Ronda Alta. Ali estavam centenas de lavradores querendo trabalhar e muitas fazendas sem produção, usadas apenas para a especulação ou como garantias de vultosos empréstimos bancários de proprietários que sequer viviam nessas terras.

O acampamento Encruzilhada era um símbolo de agricultores pacificamente reunidos, mas dispostos a lutar pelos seus direitos.

Isso foi suficiente para que a Ditadura decretasse o lugar como "área de segurança nacional".

Na linguagem do governo autoritário da época, a expressão "segurança nacional" remetia à ideia de proteção do território e do povo contra possíveis agressões, ameaça que não existia, pois a ocupação era ordeira e pacífica. Então por que ocorreu a intervenção do governo? A resposta é simples: para defender os interesses dos grandes proprietários das terras da região.

Com esse propósito, foi enviado um comandante militar experiente em repressão dos camponeses, um major do Exército, Sebastião Rodrigues Moura, conhecido como "Coronel Curió", que já havia debelado revoltas de camponeses no Norte do país e participado da perseguição e do assassinato dos participantes da Guerrilha do Araguaia.

Sob seu comando, ninguém podia entrar na área, nem mesmo comida podia chegar aos agricultores. Durante todo o dia eram submetidos a tortura psicológica e mensagens de propaganda para abandonarem o acampamento, aceitarem a proposta de deixar o Rio Grande do Sul e se mudarem para os projetos de colonização, oferecidos em lugares sem qualquer infraestrutura. O acampamento se tornou um campo de concentração, uma prisão a céu aberto.

A repressão teve efeito contrário para a Ditadura, já desgastada por seus fracassos econômicos e por asfixiar a sociedade com a censura e proibição de participação democrática. Mesmo cercado, o acampamento mobilizou o apoio da sociedade, contando para isso com um boletim mimeografado que era distribuído nas cidades e relatava a luta das famílias. Mais tarde, este *Boletim Sem Terra* se transformou no *Jornal Sem Terra*, primeiro veículo de comunicação do futuro MST.

A resistência dos cerca de 3 mil camponeses acampados foi maior do que a força da repressão. Após um mês, a classificação da área como sendo de segurança nacional foi retirada e o comandante partiu, derrotado. Os agricultores foram transferidos para uma área provisória, adquirida pela Igreja Católica em Ronda Alta, no Rio Grande do Sul, para evitar novos ataques ou despejos. Em 1983, os agricultores foram assentados em diferentes locais.

## Princípios e táticas

Intermediados pela CPT, os sem-terra trocaram informações e experiências entre si e perceberam que isolados em suas lutas locais seriam derrotados. Como consequência prática, brotou a proposta de reunir os homens e mulheres que se mobilizavam pelo direito de acesso à terra e estabelecer uma luta conjunta.

Finalmente, essas lutas e articulações convergiram para o 1º Encontro Nacional dos Sem Terra, em Cascavel, no Paraná, em janeiro de 1984. Nesse evento foram definidas as características gerais do MST, que permanecem até hoje.

O MST foi criado com três grandes objetivos: cada camponês participante do movimento deve ter seu pedaço de chão e ser capaz de se sustentar e prover à nação os alimentos e as matérias-primas de que necessita; a Reforma Agrária, com o propósito de democratizar a estrutura agrária do país e eliminar a concentração de terras; e a transformação da sociedade.

Além disso, desde o princípio se entendeu que, como um movimento de luta pela Reforma Agrária, o MST não se esgotava na conquista da terra individual ou de determinado acampamento. Mesmo assentados, a luta continuava, inclusive para apoiar aquelas famílias que ainda não haviam sido assentadas e aqueles despossuídos que ainda não tinham se organizado.

Também se decidiu que o MST seria autônomo, independente de partidos, igrejas ou de outras organizações. Os próprios sem-

-terra decidiriam seu destino, mas buscando aliança com outros setores da sociedade que defendessem a luta pela terra e a Reforma Agrária.

O MST nasceu com duas táticas de pressão aos governos: os acampamentos e as ocupações, que se concretizam na forma de assentamentos.

A polêmica mais frequentemente envolvendo o MST desde a sua fundação é se o movimento invade ou ocupa as terras. Há uma diferença importante entre as duas palavras.

A invasão é uma ação desenvolvida por alguém para tomar para si, pela força, parte ou a totalidade de uma área que não lhe pertence. Por exemplo, quando garimpeiros e fazendeiros entram em reservas indígenas ou terras quilombolas estão invadindo uma área. Essa é uma ação ilegal.

A ocupação é uma ação política para pressionar o governo a cumprir a lei e desapropriar uma área que não cumpre sua função social.

A Confederação Nacional da Agricultura (CNA), contrária à Reforma Agrária, afirma que as ocupações de terras seriam invasões, com base nos artigos 150, 161 e 286 do Código Penal, que dizem o seguinte:

> Art. 150 – Entrar ou permanecer, clandestina ou astuciosamente, ou contra a vontade expressa ou tácita de quem de direito, em casa alheia ou em suas dependências: Pena – detenção, de um a três meses, ou multa.
>
> Art. 161 – Suprimir ou deslocar tapume, marco, ou qualquer outro sinal indicativo de linha divisória, para apropriar-se, no todo ou em parte, de coisa imóvel alheia: Pena – detenção, de um a seis meses, e multa.
>
> § 1º – Na mesma pena incorre quem:
>
> II – invade, com violência a pessoa ou grave ameaça, ou mediante concurso de mais de duas pessoas, terreno ou edifício alheio, para o fim de esbulho possessório.

> Art. 286 – Incitar, publicamente, a prática de crime: Pena – detenção, de três a seis meses, ou multa.

Por sua vez, o jurista e defensor público federal Ricardo Brandão contesta essa argumentação da seguinte forma:

> O artigo 150 do Código Penal não se aplica porque os atos do MST não são realizados de forma clandestina ou astuta, mas sim de forma pública como reconhece a própria CNA, com as pessoas sendo chamadas aos olhos de todas e todos para que abracem a luta pela produtividade das nossas terras. Inclusive, após as ocupações, o MST levanta suas bandeiras para que as pessoas possam ver que lá se encontra um movimento social.
>
> Também não há o que se falar em aplicação do artigo 161 do Código Penal em seu § 1º, inciso II, porque não existe, por parte do MST, o especial fim exigido previsto em lei de "esbulho possessório", pois a finalidade do MST, em verdade, é tornar uma terra improdutiva em uma terra produtiva, garantido, assim, o trabalho para pessoas que não possuem nem emprego nem terra e colaborando com a alimentação de todas e todos.
>
> Por fim, a partir do momento em que não há crime na conduta do MST, não há o que se falar em aplicação do artigo 286 do Código Penal por total ausência de incitação de crime, uma vez que a incitação do MST, em verdade, é por uma Reforma Agrária popular.

A professora e jornalista Christa Berger chama a atenção para o uso dos grandes veículos de comunicação pela palavra "invasão" em relação às ocupações de terra:

> Ao optar pela palavra invadir o sujeito escolhe um signo que preserva o conceito de propriedade privada, em que o sem-terra encontra-se na ilegalidade e ao ouvinte/leitor é oferecida uma pista de leitura em que a transgressão tem autorização para ser punida.
>
> Caso opte por ocupar, ele estaria sustentado pelo conceito de propriedade social da terra, em que não é ilegal

> ocupá-la se está sem uso e a ilegalidade se encontraria na ação da repressão, ao destruir acampamentos, prender acampados, matar para realizar uma desocupação.

Portanto, os sem-terra não são invasores, eles ocupam as terras para mostrar para a sociedade onde estão as grandes propriedades e para pressionar os governos a cumprirem sua responsabilidade e realizarem as desapropriações. É um ato político em que se demonstra na prática que há muita terra sem produzir ou utilizada de forma inadequada. Por isso, como reafirmação desse método de luta e diante da omissão dos governos, as primeiras palavras de ordem do MST foram "ocupação é a única solução".

# Os feitos da Reforma Agrária

## Os assentamentos

Por meio das ocupações de terras organizadas pelo MST, mais de 400 mil famílias já conquistaram a sua terra.

Quando uma área é desapropriada e transformada em um assentamento da Reforma Agrária, uma transformação ocorre no município. Uma grande fazenda improdutiva frequentemente emprega poucas pessoas e tem poucas benfeitorias instaladas. Com a democratização das terras, um único proprietário dá lugar a centenas de agricultores. No lugar do vazio do latifúndio será necessário construir casas para abrigar as novas famílias – famílias que irão demandar ferramentas, máquinas, sementes, eletrodomésticos e móveis, que serão comprados no comércio local. O impacto econômico é visível.

A pesquisadora Andrea Pimentel, da Universidade Federal de São Carlos (UFSCar), analisou o impacto econômico dos assentamentos de Reforma Agrária na região do Pontal do Paranapanema, em São Paulo, nas décadas de 1990 e 2000, comparando cinco municípios com assentamentos com outros quatro que não passaram pela Reforma Agrária. Os dados do primeiro grupo foram superiores aos do segundo na maioria dos critérios.

Nos municípios de Teodoro Sampaio, Euclides da Cunha Paulista e Rosana, com assentamento, o número de estabelecimentos comerciais aumentou em 8,84%. Com relação aos estabelecimentos industriais, a cidade de Rosana teve um crescimento de 15,61%. Os estabelecimentos de serviços cresceram 16,09% em Rosana; 10,07%

em Euclides da Cunha Paulista; 9,72% em Mirante do Paranapanema; e 4,78% em Teodoro Sampaio. O número de matrículas na rede pública de educação aumentou e os níveis de rendimentos dos chefes de família também.

Esses dados comprovam que, ao contrário do Agronegócio, e mesmo lidando com a falta de apoio dos governos, a renda e o desenvolvimento do campo são irradiados para a população urbana nos municípios.

Em Sergipe, por exemplo, a pesquisadora Junia Sousa analisou assentamentos criados entre o fim da década de 1990 e os primeiros 4 anos da década de 2000. Na região do Sertão, 54% dos assentados pesquisados ainda não tinham recebido os créditos de instalação ou outros recursos, mesmo que alguns assentamentos já tivessem 10 anos; na região do Agreste eram 35,7%; enquanto no Leste eram mais de 40%.

Ainda no Sertão, constatou-se que 53% das famílias não recebiam assistência técnica, assim como 50% das famílias da Região Leste. A saúde foi a maior prioridade apontada nas três regiões. Apesar dessas dificuldades, os agricultores já alcançavam rendas iguais ou maiores que o salário-mínimo, e a totalidade dos assentamentos pesquisados tinha acesso a transporte público, equipamentos de lazer e iluminação pública. Além disso, existia alguma forma de associação dos moradores. No Agreste, 100% dos assentamentos tinham escolas. Nas outras duas regiões, mais de 66% das famílias tinham acesso à rede pública de educação.

No Rio Grande do Sul, a conquista da Fazenda Annoni foi um dos marcos da organização do MST, em 1985. Eram 9.250 hectares utilizados para especulação e pecuária. Apenas seis famílias de empregados viviam na fazenda. Com a desapropriação, 430 famílias foram assentadas, cerca de 1.230 pessoas. E o impacto da Reforma Agrária foi tão grande que, em 1992, a região do entorno do assentamento se tornou um município autônomo.

Porém, esses impactos nem sempre são imediatos. Como a grande maioria dos agricultores assentados vive em situação de pobreza e tem poucos bens e quase nenhuma capacidade de investimento, o Incra fornece créditos para a instalação das famílias, suficientes para um apoio inicial e para os primeiros plantios. Mas muitas vezes a burocracia ou a inércia do Estado impedem o acesso rápido a esses créditos. Há casos de assentamentos que levaram 10 anos ou mais para receber esses recursos.

Analisando os dados do Censo Agropecuário de 2017, o pesquisador Vicente Marques constatou que em 2021 menos de 4% dos assentamentos receberam os créditos necessários para instalação em um assentamento, como o fomento da primeira lavoura ou a construção de casas, e que apenas 5% acessaram recursos de financiamento de programas governamentais. A política mais acessada é o Pronaf, a linha de crédito para a agricultura familiar, que foi utilizada por 80% das famílias que receberam recursos. Por isso, mesmo conquistada a terra, as famílias permanecem organizadas no MST para pressionar o Estado por esses direitos e por infraestrutura para os assentamentos.

O impacto econômico também pode ser percebido quando analisamos a produção de alimentos e a criação de gado.

Segundo o Censo Agropecuário, na média nacional, os assentamentos apresentam maior produtividade do que os seus vizinhos para o milho, a mandioca, o feijão-fradinho, a abóbora, o feijão-verde e o feijão-preto.

As diferenças entre o latifúndio e um assentamento podem ser vistas no quadro abaixo que compara a antiga Fazenda Tracutinga com o assentamento Conquista da Fronteira, no município de Dionísio Cerqueira, em Santa Catarina:

| Aspectos | Fazenda Tracutinga – antes de 1988 | Assentamento Conquista da Fronteira – depois de 1988 |
|---|---|---|
| Área | 1.200 ha | 1.200 ha |
| Nº de famílias | 3 | 52 |
| Nº de pessoas | 12 | 202 |
| Nº de casas | 3 | 54 (tamanho 7m x 8m) |
| Escolas | 0 | 1 |
| Grãos – sacos | – | 10.899 |
| Bovinos – cabeças | 50 (aproximadamente) | 550 |
| Ovinos – cabeças | – | 95 |
| Suínos – cabeças | – | 95 |
| Aves – cabeças | – | 35.000 |
| Tratores | – | 2 |
| Caminhões | – | 2 |
| Pés de frutíferas | – | 300 |
| Frigorífico | – | 1 (capacidade 1.000 aves/hora) |
| Pés de erva-mate | 16.000 | 20.000 (área de 75 ha) |
| Cebola | – | 15 mil pés |
| Arroz | – | 8 ha |
| Alho | – | 20 kg de semente |

**Fonte: Fiorentin (2006).**

## Ações cooperativas

Uma das formas de as famílias enfrentarem as dificuldades de instalação e consolidação dos assentamentos é por meio da cooperação. O trabalho cooperado assume muitas formas em um assentamento, como mutirões entre vizinhos, associações ou cooperativas.

As cooperativas também podem assumir muitas formas e funções. As mais comuns são as cooperativas de produção agropecuária (CPA), envolvendo as famílias de um mesmo assentamento e dedicadas à produção agrícola e pecuária local. Uma forma mais complexa são as cooperativas de prestação de serviços (CPS), porque elas podem ter como sócias centenas e até milhares de famílias de uma mesma região e de assentamentos diferentes. As CPS alavancam o desenvolvimento dos assentamentos cooperando para garantir assistência técnica na produção, agroindustrialização conjunta para beneficiamento e embalagem da produção, organização da comercialização dos produtos e outras iniciativas. E há ainda cooperativas de crédito (CC), que atuam na área financeira, viabilizando microcréditos e levando o crédito rural para municípios que normalmente não são do interesse dos grandes bancos.

Um exemplo de como o trabalho cooperativo e coletivo produz resultados mais elevados pode ser visto pelas condições das famílias organizadas na Cooperativa de Produção Agropecuária Vitória (Copavi), no assentamento Santa Maria, em Paranacity, no Paraná. A área de 232 hectares que antes era dedicada apenas à monocultura de cana foi transformada pelas 23 famílias, que, hoje, produzem de forma agroecológica, anualmente, 350 toneladas de açúcar mascavo, 80 toneladas de melado de cana, 8 mil litros de cachaça, 10 mil quilos de panificados, 85 mil litros de leite e iogurte, 15 toneladas de hortaliças e 7 toneladas de feijão, mandioca e batata-doce.

Segundo o levantamento da pesquisadora Iracema Moura, da Universidade Estadual de Campinas (Unicamp), a renda estimada das famílias desse assentamento é de cerca de três salários-mínimos, índice superior à média nacional no campo.

Assim como a Copavi, o MST organizou 185 cooperativas em todo o país e 120 agroindústrias. Além delas, existem ainda mais de quatrocentas associações, que também atuam de forma mais local, não apenas produzindo coletivamente, mas adquirindo e dividindo o uso de máquinas e promovendo outros mecanismos de comercialização. O mapa abaixo demonstra a variedade da produção dos assentamentos:

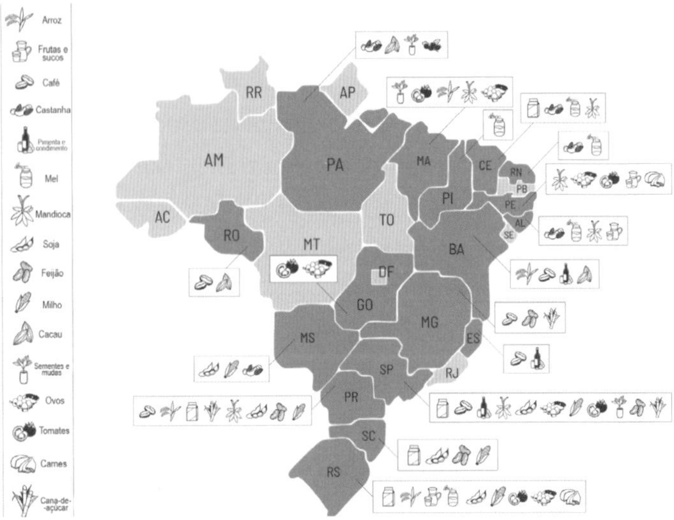


**A produção em assentamentos**
**Fonte: Movimento dos Trabalhadores sem Terra**

**Foto: Rafa Stédile.**

**SAIBA +**

Trilogia de Rose: *Terra para Rose* (1987), *O sonho de Rose* (2000), *Fruto da terra* (2008), direção de Tetê de Moraes.

A diretora Tetê de Moraes registrou nesses três filmes a luta das famílias acampadas na Fazenda Annoni (RS) a partir da trajetória da família da agricultora Roseli Nunes, assassinada em 1987, e acompanhando o sucesso do assentamento 10 anos depois, bem como do filho de Rose, estudante de medicina no último filme.

## A tecnologia que protege a terra

Outro dado relevante do Censo Agropecuário sobre os assentamentos de Reforma Agrária é que 70% deles não estão dispostos a usar agrotóxicos. Além disso, cerca de 91,8 mil estabelecimentos da Reforma Agrária em uma área de 2,5 milhões de hectares são considerados em transição ecológica. Isso porque a Reforma Agrária se diferencia do Agronegócio não apenas no seu objetivo – a produção de alimentos para o mercado interno –, mas também na tecnologia utilizada para atingir esse fim, sem agredir a natureza e recorrer ao uso intensivo de venenos. Essa tecnologia se chama agroecologia.

Esse termo é recente, remete ao início do século XX, mas ganhou força a partir das reflexões de cientistas agrários sobre as consequências da Revolução Verde, o estímulo ao uso de agrotóxicos por governos e empresas na agricultura.

Como ciência, a agroecologia utiliza o conhecimento de diversas disciplinas científicas para construir um ambiente produtivo que permita o equilíbrio entre os sistemas sociais e os sistemas naturais.

Como técnicas, a agroecologia propõe práticas de aproveitamento da energia solar por meio de fotossíntese, manejo do solo como um organismo vivo, manejo de processos ecológicos (como sucessão vegetal, ciclos minerais e relações predador-praga), cultivos múltiplos e sua associação com espécies silvestres, de modo a elevar a biodiversidade do território e a ciclagem (absorção de nutrientes pela planta) da biomassa, incluindo os resíduos urbanos.

Quando pensamos em tecnologia é comum nos referirmos a máquinas e aparelhos eletrônicos. Mas "tecnologia" significa aplicar o conhecimento científico por meio de instrumentos, métodos e técnicas para solucionar problemas. Assim, aparentemente, a agroecologia parece "pouco tecnológica", pois não é baseada em grandes maquinários nem em toneladas de venenos químicos.

Ao contrário, a agroecologia responde a uma pergunta complexa – Como produzir mais sem destruir a natureza? –, combinando muitas pesquisas, ações práticas e conhecimento multidisciplinar, disponibilizados ao alcance econômico e ao grau de instrução dos camponeses. Portanto, cientificamente, a agroecologia é mais complexa e rica do que as respostas do Agronegócio, que se resumem a despejar venenos em qualquer situação.

O que o Agronegócio não considera é que o uso de agrotóxicos elimina a vida de milhares de micro-organismos no solo, que são fundamentais para a produtividade e para o combate de pragas. Quanto mais veneno o agrotóxico despeja, menos produtiva vai se tornando a lavoura e mais resistentes se tornam as pragas.

A agroecologia não dispensa o uso de máquinas, mas exige a adoção de equipamentos adequados à agricultura familiar e às pequenas propriedades, mais acessíveis economicamente e sem o uso desproporcional de combustíveis. Aliás, foi essa demanda que levou o MST a buscar parceria com a Universidade Agrícola da China para importar tratores adequados a essa prática e iniciar um projeto experimental no Nordeste, buscando a construção de uma futura fábrica no Rio Grande do Norte. A China, por sinal, tem investido na transição para uma agricultura ecológica desde o fim dos anos de 1980, acelerando esse processo no século XXI, abrangendo não apenas pequenas propriedades, mas também grandes fazendas produtivas.

Outra tecnologia desenvolvida pela agroecologia são os bioinsumos, produtos de origem natural que auxiliam no manejo sustentável das lavouras, como biofertilizantes, bioestimulantes e agentes de controle biológico de pragas e doenças. Um dos exemplos de bioinsumos mais utilizados no Brasil é aquele que inocula a soja com bactérias de *Bradyrhizobium*, que participam do ciclo do nitrogênio e são capazes de fixar esse nutriente nas plantas sem utilizar venenos.

**Agricultura familiar no assentamento Filhos de Sepé, no Rio Grande do Sul. (Imagem de Tiago Gianechinni, 2019).**

## Camponeses com conhecimento

Como em toda a ciência, a aplicação prática dos conhecimentos teóricos é fundamental. Por essa razão, na agroecologia, os camponeses são vistos também como estudiosos e práticos de laboratório. São eles que transformam as lavouras em experimentos, sistematizam o conhecimento produzido e compartilham com outras famílias.

No Agronegócio, o agricultor é tratado como um simples consumidor de informações, ideias e produtos. Os agrônomos chamam as ofertas dos técnicos e empresas de "pacotes", porque eles já vêm "fechados". O agricultor recebe uma receita de agrotóxicos e a ordem de aplicá-los sem conhecer seus riscos nem os efeitos em diversos climas.

Na agroecologia, o agricultor é um trabalhador que emprega os recursos com consciência e é também um organizador social, que difunde a tecnologia entre os vizinhos. Além disso, pode ser responsável pela certificação da produção, garantindo ao consumidor que aquele produto é realmente orgânico. Em 2018, por exemplo, 170 famílias participavam da certificação orgânica nos assentamentos da região de Porto Alegre, capacitadas para o manejo e a documentação.

Uma das experiências mais bem-sucedidas dessa participação ativa dos camponeses está na produção de arroz orgânico na região metropolitana de Porto Alegre. Milhares de famílias dos assentamentos localizados no entorno da capital gaúcha são organizadas por uma cooperativa de prestação de serviços, a Cootap. Já faz alguns anos que elas são responsáveis pela maior produção de arroz agroecológico da América Latina. Na safra de arroz orgânico de 2016-2017, o MST colheu, somente no Rio Grande do Sul, mais de 27 mil toneladas do grão e 22.260 sacas de sementes não transgênicas produzidas em 22 assentamentos diferentes.

Para alcançar uma produção tão significativa, os assentados têm um Grupo Gestor do Arroz, formado por representantes das famílias, pelos dirigentes da cooperativa e por técnicos e agrônomos que acompanham a produção. Nesse grupo, os camponeses decidem o processo de produção de arroz ecológico, assim como o pós-colheita, a armazenagem e a comercialização.

O Grupo Gestor foi responsável também pela popularização entre as famílias do uso de bioinsumos, produtos de origem natural para manejo das lavouras, como o biofertilizante, um adubo orgânico líquido, fermentado por microrganismos e produzido a partir de esterco de bovinos, caldo de cana-de-açúcar, pó de rocha e água, eficaz tanto para a produtividade quanto para o controle de insetos e doenças.

A preocupação ambiental do MST não se resume à forma de produzir e proteger a natureza, mas também inclui como recuperar o ambiente degradado. Em 2020, o movimento lançou o Plano Nacional de Plantio de Árvores, que pretende plantar 100 milhões de árvores em 10 anos. Nos dois primeiros anos, o MST já havia plantado cerca de 2 milhões de árvores, criado 300 viveiros e recuperado 15 mil hectares.

## Educar para transformar

Os impactos e desafios da Reforma Agrária não se limitam à produção. Uma das principais políticas defendidas pelo MST é a educação.

Não é difícil compreender por que a educação ganha essa dimensão na luta do MST. Segundo os dados dos censos demográficos de 1991 e 2000, a oferta para o atendimento do ensino fundamental abrange apenas 24,9% das crianças de 4 a 6 anos e 4,5% dos jovens de 15 a 17 anos que vivem no campo. Enquanto a taxa de analfabetismo no meio urbano é de 10,3%, na área rural ela atinge 29,8% da população adulta.

Ainda, segundo dados do Ministério da Educação, entre 2000 e 2022 foram fechadas 54.576 escolas no campo em todo o país. Nesse quesito, a Bahia é a recordista em fechamento de escolas rurais, com 10.441 fechamentos, quase o dobro do segundo colocado, o Ceará.

Diante desse desafio, segundo o site do próprio movimento,

> o MST busca construir coletivamente um conjunto de práticas educativas na direção de um projeto social emancipatório, protagonizado pelos trabalhadores e trabalhado-

> ras. A construção de uma escola ligada à vida das pessoas, que torne o trabalho socialmente produtivo, a luta social, a organização coletiva, a cultura e a história como matrizes organizadoras do ambiente educativo escolar, com a participação da comunidade e auto-organização dos educandos e educandas, e dos educadores e educadoras.

Nos acampamentos, as famílias lutam pelo direito de as crianças estudarem. Nos primeiros anos, as famílias acampadas organizavam uma escola informal com a ajuda de educadores voluntários, muitos deles também acampados. Essa experiência ganhou força e avançou para garantir a educação realizada nos acampamentos. Surgiram as escolas itinerantes, reconhecidas como parte da rede pública, que recebiam suporte dos governos estaduais, inclusive de professores e materiais didáticos. Essas escolas seguem o acampamento aonde ele for e garantem que as crianças tenham documentação regularizada e aprendizado reconhecido para que não precisem refazer as mesmas séries quando finalmente suas famílias forem assentadas.

**Escola do Acampamento Herdeiros da Terra de 1° de Maio, em Rio Bonito do Iguaçu, região central do Paraná. (Imagem de Rafa Stédile, 2019)**

Nos assentamentos, a luta continua para a instalação de escolas municipais ou estaduais nessas áreas. A organização das famílias e a importância social que têm nas regiões é tanta que em Abelardo Luz, Santa Catarina, há um *campus* do Instituto Federal dentro do assentamento, assim como a Universidade Federal da Fronteira Sul também conta com um *campus* em Laranjeiras do Sul, no Paraná.

Os resultados são significativos. A luta das famílias assentadas conquistou mais de 2 mil escolas públicas em acampamentos e assentamentos, beneficiando 200 mil crianças, alfabetizando 50 mil adultos e envolvendo mais de 10 mil educadores e educadoras. Outros 2 mil jovens e adultos alcançaram os cursos superiores por meio de parcerias com universidades e institutos federais em mais de cem cursos universitários.

Essas práticas, somadas a de outros movimentos e agentes da educação, formaram uma articulação e uma proposta pedagógica chamada Educação do Campo, que conjuga a luta pelo acesso à educação pública com a luta contra a influência de grupos empresariais e políticas excludentes. Por isso ela não é uma educação "para o" nem "no campo", mas "do campo", porque parte da ação de educadores e educadoras e dos movimentos populares.

O trabalho do MST na educação tem sido reconhecido de muitas maneiras. A Escola do Campo Cândida Oliveira Luz, localizada no acampamento Porto Pinheiro, em Porto Barreiro, no Paraná, foi considerada um dos dez melhores projetos de inovação pedagógica de todo o Brasil no 6º Prêmio Territórios Tomie Ohtake Escolas Premiadas, em setembro de 2022. O Centro de Educação do Campo Roseli Nunes, do MST, em Lagoa Grande do Maranhão, já foi premiado em primeiro lugar na categoria "Experimentação" na Feira de Ciências do estado, com pesquisas em agroecologia, e obteve o primeiro lugar na categoria "Core Values" no Torneio

Sesi de Robótica First LEGO League (FLL), com um projeto que transforma dejetos bovinos em energia elétrica.

O reconhecimento pelas ações do MST na área de educação também resultou na conquista do Prêmio Itaú-Unicef "Educação e Participação", em 1995.

Além da educação, a atuação do MST na luta pela Reforma Agrária também resultou em premiações internacionais, como o Prêmio Right Livelihood, em 1991, conhecido como Prêmio Nobel Alternativo, na Suécia; o Prêmio Rei Balduíno para o Desenvolvimento, 1997, concedido por uma fundação independente de Bruxelas, Bélgica; o Prêmio Esther Busser Memorial da ONU, em 2021, para organizações que lutam por justiça social; e o Prêmio Pacto Contra Fome, de 2023, também da ONU, pela doação de alimentos em Recife, capital de Pernambuco, durante a recente pandemia.

# A Reforma Agrária e a humanização

## Uma luta de todos e todas

Existe uma outra dimensão importante da Reforma Agrária que não cabe nos índices econômicos ou sociais: sua dimensão humana.

A forma como exploramos a natureza e seus recursos reflete muitos aspectos das relações sociais; por isso, quando repensamos o trabalho em agropecuária, também revemos as relações de produção estabelecidas.

O trabalho agroecológico e cooperado estimula novas relações entre as pessoas e, ao mesmo tempo, como a luta do MST é uma luta massiva – ou seja, é um movimento aberto a todos os camponeses –, participam homens, mulheres, jovens e crianças, e não se permite nenhuma forma de discriminação racial ou sexual, de tal modo que essas pessoas se tornam protagonistas de sua luta, de seus direitos e de seu destino.

As mulheres no MST, por exemplo, se organizam de muitas formas – desde grupos voltados para atividades de organização dos assentamentos até iniciativas de maior alcance, como as pequenas agroindústrias e padarias.

Politicamente, as mulheres conquistaram seus espaços de participação e discussão, como ocorreu no I Encontro Nacional de Mulheres, em 2020, que contou com 4 mil participantes.

A presença de mulheres nos debates ajuda o MST a avançar na ofensiva contra o machismo e ideologias excludentes e violentas.

Foram elas também que estiveram à frente de muitas manifestações importantes contra os agrotóxicos e suas consequências para a saúde, entre muitas outras.

Da mesma forma, em um espaço democrático e participativo, as pessoas se sentem seguras para se expressar e para ter sua identidade sexual respeitada e compreendida. Ainda que a área rural seja, em todo mundo, tradicionalmente conservadora, o MST avançou para a construção de um coletivo LGBTQIAPN+ (sigla que significa lésbicas, *gays*, bissexuais, transexuais, *queer*, intersexuais, assexuais, pansexuais, não binários e demais identidades sexuais que não estão limitadas pelo padrão heterossexual). Esse coletivo também se organiza e discute a Reforma Agrária a partir das demandas específicas dos sujeitos LGBTQIAPN+ para a Reforma Agrária, como o direito de documentação e de ter o lote do assentamento em nome do casal, por exemplo. Uma das principais bandeiras desse coletivo é, novamente, o combate à violência e à LGBTfobia, que é tão forte no campo e na cidade e que ameaça vidas.

E não há como pensar em transformação agrária brasileira sem pensar na questão racial, já que a população negra é também a maioria da população rural – 54,4% dos agricultores familiares se declaram pretos ou pardos – e

**SAIBA+**

É possível encontrar mais informações sobre os coletivos e a forma de organização de mulheres, pessoas LGBTQIAP+ e pretos e pretas no MST no próprio site do movimento, mas principalmente na seção "Biblioteca da questão agrária", em que há vários documentos desses coletivos que mostram como eles enxergam a luta pela Reforma Agrária como transversal a esses direitos.

Disponível em:

https://mst.org.br/biblioteca-da-questao-agraria/

é historicamente excluída das políticas de acesso à terra. As relações entre o racismo e o latifúndio são inúmeras, ambos nascem juntos no nosso território, e suas consequências estão presentes até os dias atuais. Por isso a luta pela Reforma Agrária é também uma luta contra o racismo e suas expressões estruturais no campo.

## A Reforma Agrária e o direito

Como a terra é fonte de poder político e econômico, os seus proprietários mantêm um histórico de desigualdade e exploração dos seres humanos e da natureza. Diante disso, é evidente que a proposta de uma democratização da estrutura agrária é duramente combatida.

Utilizando de sua força no Congresso, a bancada ruralista já submeteu o MST a mais de três Comissões Parlamentares de Inquérito (CPIs). Jamais conseguiram provar nada e a última delas, em 2023, sequer terminou ou produziu um relatório, pois visivelmente tinha um caráter apenas de propaganda do Agronegócio e de ataques à luta popular.

O argumento mais comum dos contrários à Reforma Agrária é o de que o direito à propriedade seria inviolável. Ou seja, nada nem ninguém pode interferir na forma e no uso que uma pessoa faz de algo que lhe pertence. É desse argumento que se desdobram as acusações de que as ocupações de terras são invasões e de que o MST é uma organização com práticas terroristas.

De fato, o artigo 5º da Constituição Federal de 1988 estabelece que:

> Todos são iguais perante a lei, sem distinção de qualquer natureza, garantindo-se aos brasileiros e aos estrangeiros residentes no país a inviolabilidade do direito à vida, à liberdade, à igualdade, à segurança e à propriedade, nos termos seguintes: [...]

E nesse mesmo artigo o inciso XXII diz: "é garantido o direito de propriedade". Isso não significa, porém, que a propriedade seja algo sagrado, intocável ou isenta de qualquer responsabilidade ou dever perante a lei. No mesmo artigo 5º da Constituição está expresso: "XXIII – a propriedade atenderá a sua função social".

Então, o mesmo código de leis formulado por representantes da sociedade, democraticamente eleitos para esse fim, fundamenta que a propriedade se justifica pelo seu significado social. No caso da terra, o mais importante é que se destine a produzir aquilo que é indispensável ao conjunto da sociedade, como alimentos e matérias-primas, mas sempre respeitando a natureza e os direitos daqueles que atuam na produção.

O jurista Fábio Konder Comparato, uma das maiores referências do país no estudo do Direito, sustenta esta argumentação:

> A Constituição não assegura apenas o direito à simples sobrevivência, mas sim o direito a uma vida digna, o que supõe, antes de mais nada, que todos os poderes públicos – inclusive o Judiciário – atuem de modo eficiente para eliminação dos fatores de desigualdade social básica [...]. No sistema constitucional, portanto, a propriedade não é um direito-fim, mas um direito-meio. É garantido como meio de preservação de uma vida digna para todos, mas não pode ser protegida quando se transforma em instrumento de exclusão de trabalhadores.

Em resumo, a propriedade é protegida por lei, mas ela não está acima da própria lei nem do conjunto da sociedade. Essa também é a fundamentação jurídica que legitima as ocupações de terras como forma de pressão para que o Estado cumpra sua obrigação de efetivar a Reforma Agrária.

## O custo da Reforma Agrária

Outro argumento frequente daqueles que são contrários à Reforma Agrária é o custo que ela acarreta.

O ex-presidente do Incra, Francisco Graziano, afirma que um assentamento custa em média US$ 43.400 por área. Como o autor não aponta suas fontes, o dado já seria questionável. Mas, considerando a hipótese de que esse valor seja real, a maior parte é consequência da despesa do Estado com a indenização ao proprietário que não fez valer a função social da terra, prevista em lei, recompensando-o apesar da especulação ou inatividade. Em 2024, o assentamento de uma nova família requeria em torno de R$ 8 mil.

Comparando com o próprio Agronegócio podemos fazer o seguinte cálculo: por ano, o governo investe no Plano Safra (o programa federal para crédito, seguro, preços e comercialização para agropecuária) cerca de R$ 340,8 bilhões para a manutenção de 4.989.566 de postos de trabalho. Em uma conta simples, cada emprego do Agronegócio custa todos os anos R$ 68.302 aos cofres públicos, enquanto o investimento em um novo assentamento é feito apenas uma vez e custa 8,5 vezes menos.

Além disso, os dados anteriores já demonstraram que a agricultura familiar tem maior produtividade por área e maior geração de empregos do que o Agronegócio. Os dados também demonstram que, enquanto o Agronegócio não irradia crescimento, a agricultura familiar e a Reforma Agrária impulsionam as economias locais e melhoram os demais IDHs, como acesso a educação e saneamento básico. Ou seja, ainda que os investimentos iniciais possam parecer maiores, a médio e longo prazos os resultados sociais e econômicos da Reforma Agrária são mais positivos do que aqueles alcançados com o Agronegócio.

## Uma Reforma Agrária para o século XXI

Um dos argumentos dos críticos da Reforma Agrária é de que ela seria uma política ultrapassada, que as questões estruturais da agricultura estariam resolvidas pelo Agronegócio e que a propriedade da terra não é o mais importante, mas sim a tecnologia aplicada para produzir.

Ora, se a propriedade da terra não é o mais relevante, o que explicaria então o fato de que o Agronegócio internacional adquire milhares de hectares de terras ilegalmente no Brasil? Ou por que o Agronegócio se dedica a invadir terras indígenas, ameaçar terras quilombolas e tentar comprar terras nos assentamentos de Reforma Agrária? Porque sem solo e água não há produtividade.

O Agronegócio pode ter resolvido o problema da produtividade nos latifúndios ociosos, mas para isso gerou novos dilemas para a questão agrária: sua produção é altamente nociva para o meio ambiente, pois gera desmatamento e uso intensivo de agrotóxicos; a renda é concentrada, empobrecendo municípios; e, seguindo a tradição do *plantation*, é a monocultura para exportação que não alimenta os brasileiros e não desenvolve o país.

Esse argumento tem sido sustentado por muitos pesquisadores que estudam a questão agrária hoje, como o economista Guilherme Delgado e os geógrafos Ariovaldo Umbelino e Bernardo Mançano Fernandes. Mas o principal elaborador dessas teses tem sido justamente o MST, como um sujeito intelectual coletivo.

O MST percebeu que uma Reforma Agrária clássica centrada apenas na distribuição de terras seria insuficiente para solucionar os problemas agrários do século XXI e, em 2014, apresentou o seu Programa de Reforma Agrária Popular. Em 2024 essa proposta foi atualizada, sempre contando com a participação de milhares de agricultores acampados e assentados.

O conceito de Reforma Agrária popular é algo inédito para os estudiosos da questão agrária. Para o MST permanece a necessidade de democratizar o acesso à terra e de distribuí-la para os trabalhadores rurais que queiram trabalhar e sobreviver da terra. Porém, dois novos objetivos são acrescentados com muita ênfase: a Reforma Agrária popular deve produzir alimentos saudáveis para alimentar o povo brasileiro e proteger a natureza; e a transformação da propriedade da terra deve gerar novas relações humanas e sociais, combatendo todas as formas de violência, incluindo o racismo, o machismo, a LGBTfobia e outras manifestações de intolerância.

A Reforma Agrária popular se propõe a iniciativas que o Agronegócio não cogita: produzir alimentos saudáveis, inicialmente destinados para a população brasileira, a partir de técnicas que contribuam para "esfriar" o planeta e combater as mudanças climáticas.

O Programa Agrário do MST, como também é conhecida a proposta de Reforma Agrária popular, desdobra-se num conjunto de propostas para o Estado e para a sociedade a partir de alguns pressupostos comuns a eles:

> 1. A água, as florestas, os minérios que estão no subsolo, a biodiversidade, são bens da natureza e devem ser tratados como um direito de todos os povos. Eles não podem ser tratados como mercadorias e nem ser objeto de apropriação privada. Todos esses bens são a garantia da saúde humana e do nosso planeta.
>
> 2. Somente com o protagonismo das classes subalternas na organização da produção de alimentos e na reapropriação social dos bens comuns da natureza será possível construir a soberania alimentar do país. O campesinato, os povos indígenas, os quilombolas, povos extrativistas, pescadores artesanais, ambientalistas e os proletários rurais são os principais protagonistas das lutas sociais [...].
>
> 3. A Reforma Agrária Popular quer ser uma construção embrionária de um novo modo de produção no campo [...] voltado para a produção de alimentos saudáveis e assegure a soberania alimentar do país. A adoção da agroecologia, da agricultura orgânica, do pastoreio racional, da agroindústria popular, de novas técnicas, tecnologias e maquinários que promovam o desenvolvimento e a modernização da agricultura, sem promover

> a destruição ambiental, são características imperativas do modelo de agricultura da Reforma Agrária Popular.
>
> 4. [...] Cabe ao Estado promover políticas de fomento de novas forças produtivas e de instauração de novas relações de produção que priorize a busca de melhores resultados em termos de qualidade de vida. Que promova um padrão de consumo dentro dos limites ecológicos e atenda a todos e todas sem comprometer o futuro das novas gerações.
>
> 5. [...] [A Reforma Agrária Popular deve romper] com o conjunto de relações sociais, políticas, culturais, de alienação, opressão e dominação que possibilitam a reprodução do modo de produção capitalista. Isso significa dizer que só seremos seres humanos emancipados se conseguirmos romper com o racismo, o patriarcado, a LGBTIfobia e tantas outras formas de dominação (MST, 2024).

## O Brasil em uma encruzilhada

Assim como ocorreu na Abolição da Escravatura, nas mudanças políticas que aconteceram nas décadas de 1930, 1940 e 1950 e na proposta das reformas de base apresentadas nos anos de 1960, mais uma vez o país está em uma encruzilhada que pode decidir o destino das suas futuras gerações.

A insistência no modelo de Agronegócio irá acelerar a destruição do meio ambiente e favorecer o aquecimento global, numa época em que todos os países do mundo são convocados a construir um caminho no sentido contrário. A destinação das terras agrícolas voltadas apenas para as monoculturas de exportação afeta diretamente o padrão alimentar do brasileiro, que recebe comida de má qualidade e pequena variedade. Além disso, o modelo proposto pelo Agronegócio resulta em alimentos caros, fortes impactos ambientais e exclusão social, quando expulsa os trabalhadores do campo e os obriga a ocuparem as periferias carentes das cidades.

Ao mesmo tempo, o modelo de exportação de produtos primários, sem o beneficiamento agroindustrial, desestimula esse setor industrial e obriga o país a importar produtos industrializados. Ainda, nas negociações internacionais, muitas vezes a contrapartida para que os outros países aceitem produtos agrícolas brasileiros é de que o Brasil compre ou facilite a entrada de mercadorias estrangeiras, que concorrem com os produtos nacionais. Em síntese, o Agronegócio favorece a desindustrialização e, portanto, bloqueia a geração de empregos nesse setor.

Por sua vez, um outro caminho, baseado em um modelo de produção de alimentos saudáveis, é possível – e está em curso nos assentamentos de Reforma Agrária e em pequenas propriedades rurais. Apoiado pelo Estado e pela sociedade esse modelo pode superar a fome que atinge 20 milhões de brasileiros, impulsionar economias locais e, ao mesmo tempo, proteger florestas, águas e solo, preservando a natureza.

Mais uma vez estamos em uma encruzilhada e, novamente, a solução dos problemas – ou sua continuidade até um ponto crítico e irreversível – depende da eliminação de um resquício do nosso passado colonial, o latifúndio.

**SAIBA +**

- Videoteca Virtual Gregório Bezerra:

A Videoteca Virtual Gregório Bezerra, organizada pelo projeto Armazém Memória, oferece uma imensa variedade de vídeos que abordam o tema da questão agrária, da organização dos camponeses e dos impactos do Agronegócio no Brasil.

- Associação Brasileira de Reforma Agrária:

https://abranacional.wordpress.com/

- Movimento Sem Terra:

https://mst.org.br/

# Referências


AGENDA PÚBLICA. *O agro pode mais.* [*S. l.*]: Agência Pública, [20--]. Disponível em: https://materiais.agendapublica.org.br/o-agro-pode-mais_download. Acesso em: 22 maio 2025.

CALDART, R. S. *et al.* (org). *Dicionário da educação do campo.* Rio de Janeiro: Fiocruz; São Paulo: Expressão Popular, 2012.

CINTRA, J. P. Reconstruindo o mapa das capitanias hereditárias. *Anais do Museu Paulista*, São Paulo, v. 21, n. 2, p. 11-45, 2013.

COMISSÃO PASTORAL DA TERRA – CPT. *Conflitos no campo 2022.* Goiânia: CPT – Nacional, 2023.

DAVATZ, T. *Memórias de um colono no Brasil.* São Paulo: Edusp, 1980.

FIORENTIN, M. *MST e desenvolvimento local*: uma experiência do assentamento Conquista da Fronteira/SC. Dissertação (Mestrado em Geografia) – Universidade Federal do Rio Grande do Sul, Porto Alegre, 2006.

FUNDAÇÃO HEINRICH BÖLL. *Atlas dos agrotóxicos.* Rio de Janeiro: Fundação Heinrich Böll, 2023.

GASPARI, E. *A Ditadura escancarada.* São Paulo: Companhia das Letras, 2002.

INSTITUTO BRASILEIRO DE GEOGRAFIA E ESTATÍSTICA – IBGE. *Censo Agropecuário 2017*: resultados definitivos. Rio de Janeiro: IBGE, 2019.

KOPENAWA, D.; ALBERT, B. *A queda do céu*: palavras de um xamã yanomami. São Paulo: Companhia das Letras, 2019.

MALHEIRO, B. C.; MICHELOTTI, F.; SABINO, T. G. Aqui o capitalismo não parou! Espoliação e brutalidade em tempos de pandemia, o que a Amazônia tem a dizer? *GEOgraphia*, Niterói, v. 22, n. 48, p. 33-50, 2020.

MARTINS, A. F. G. *A produção ecológica de arroz e a Reforma Agrária popular.* São Paulo: Expressão Popular, 2019.

REBOUÇAS, A. *Diário e notas autobiográficas*. [*S. l.*: *s. n.*], 1938.

SILVA, J. G. *A Reforma Agrária brasileira na virada do milênio*. [*S. l.*]: Associação Brasileira dA Reforma Agrária, 1996.

STADEN, H. *Duas viagens ao Brasil*. Porto Alegre: L&PM, 2007.

STÉDILE, J. P. *A questão agrária no Brasil*: programas de Reforma Agrária. São Paulo: Expressão Popular, 2005. v. 3.

VERSIGNASSI, A. *Crash*: uma nova história da economia. São Paulo: HarperCollins, 2019.

**EDITORA VOZES LTDA.**
**Rua Frei Luís, 100 – Centro – Cep 25689-900 – Petrópolis, RJ**
**Tel.: (24) 2233-9000 – E-mail: vendas@vozes.com.br**